Hugo Riemann

Systematische Modulationslehre als Grundlage der musikalischen Formenlehre

Hugo Riemann

Systematische Modulationslehre als Grundlage der musikalischen Formenlehre

ISBN/EAN: 9783965066038

Auflage: 1

Erscheinungsjahr: 2023

Erscheinungsort: Treuchtlingen, Deutschland

© Literaricon Verlag UG (haftungsbeschränkt)

www.literaricon.com

Printed in Germany

SYSTEMATISCHE MODULATIONSLEHRE

ALS GRUNDLAGE DER

MUSIKALISCHEN FORMENLEHRE

VON

DR. HUGO RIEMANN

LEHRER AM KONSERVATORIUM ZU HAMBURG.

MEISTER

PETER BENOIT

DEM

SCHÖPFERKRÄFTIGEN UND JUGENDFRISCHEN

GEWIDMET.

Vorwort.

Die beifällige Aufnahme, deren sich meine theoretischen
Arbeiten seitens vorurtheilsfrei denkender Künstler und Lehrer
in den letzten Jahren zunehmend zu erfreuen haben, ermuthigt
mich, mit dem vorliegenden Werkchen einen weiteren Beitrag
zum Ausbau der neuen Methode zu geben. Für den Unterrichts-
gang nach meinen Büchern ist dasselbe als anschliessend an
die im gleichen Verlage erschienene „Neue Schule der Melodik"
(1883) zu denken. Den Ausgangspunkt der strengen theoretischen
Studien hat die Skizze einer neuen Methode der „Harmonielehre" (Leipzig, bei Breitkopf und Härtel, 1880) zu bilden,
die im Laufe dieses Jahres in erweiterter Gestalt neu aufgelegt
wird; für den vorbereitenden Unterricht dient die „Elementar-
musiklehre" (Hamburg, J. F. Richter 1883). Das Studium des
Wesens der Rhythmik und Phrasierung, die Anleitung zum
rationellen ausdrucksvollen Vortrag im Anschluss an meine
„Musikalische Dynamik und Agogik" (Hamburg, bei D. Rahter
1884) gehört nirgends als Zwischenglied in diese Kette, sondern
muss nebenhergehen, zunächst als Erläuterung beim Diktat,
sodann bei der Analyse, wie ich das ausführlicher in der
Abhandlung „Ueber Phrasierung im Elementarunterricht"*)

---

*) Anhang zum Bericht „Das Konservatorium der Musik zu Hamburg"
(1887, Hamburg, bei J. F. Richter).

auseinandergesetzt habe. Für die Uebungen im doppelten Kontrapunkt, dem Kanon und der Fuge wird der Lehrer die leitenden neuen Gesichtspunkte leicht durchzuführen wissen. Vielleicht ist es mir vergönnt, auch für diese in den nächsten Jahren ein Handbuch zu entwerfen. Des neuen erwarte man von vorliegendem Buche nicht zuviel. Neu ist an meinen theoretischen Arbeiten überhaupt nur die Methode und die Terminologie — sie wird man vielleicht auch in der „Modulationslehre" neu finden. Es wäre ein seltsames Beginnen, etwa lehren zu wollen, wie man andere Musik machen könne als die bisher geschriebene. Eine vernünftige Kunstlehre kann nur anstreben, die bequemste und nutzbringenste Form der Mittheilung dessen zu finden, was technisches Gemeingut der Künstler ist, das Verständniss des Faktur der Meisterwerke zu erschliessen, den Prozess der Assimilation, der Aufnahme des von andern geleisteten in das eigene Vorstellungsvermögen zu erleichtern, überhaupt die Phantasie zu üben und vor Einseitigkeit zu bewahren. Darum stosse man sich nicht an die in allen meinen Schriften festgehaltene neue Bezifferuug, weil sie neu ist, sondern prüfe, ob sie mehr leistet als die Generalbassbezifferung, von der sich ihre Erfinder wahrlich nicht träumen liessen, dass man sie einst für etwas theoretisches halten würde. Meine Bezifferuug sieht ihr nur äusserlich ähnlich, weil sie ebenfalls Intervalle durch Zahlen bezeichnet; ihr Zweck ist, die Harmoniebedeutug der Akkorde scharf auszudrücken, theoretische Formeln zu ergeben, nicht aber nur wie der Generalbass ein blosses Konglomerat von Tönen ohne Erklärung ihres Sinnes anzuzeigen. Mit der Generalbassbezifferung musste ich selbstverständlich die von ihr abgeleitete Terminologie fallen lassen; was von ihr in meine Terminologie übergegangen ist, passt zu meiner Bezifferung, ist als von ihr abgeleitet anzusehen. Dass ich kurze, den Kern der Sache bezeichnende Namen für vieles aufgestellt habe, was man früher überhaupt nur durch umständliche Umschreibung ausdrücken konnte, wird man mir wohl nicht zum Vorwurf machen. So hoffe ich denn, dass der neuen Methode auch durch dies Büchlein wieder neue Freunde zugeführt werden, welche mir durch Mittheilung ihrer Erfahrungen behülflich sind, neue Auflagen der bisher erschienenen Schriften sorgfältig zu verbessern und künftige an sie anknüpfende so gut zu gestalten, wie es menschlicher Unvollkommenheit und individueller Beschränktheit eben möglich ist.

Hamburg, im Sommer 1887.

Dr. Hugo Riemann.

Inhalt.

XII

I. Kapitel.

Die streng tonale Kadenzbildung.

§ 1. Bedeutung der Symmetrie in der Musik.

Die Musik ist die Kunst der Symmetrie im Nacheinander, wie die Architektur die Kunst der Symmetrie im Nebeneinander (Miteinander) ist. Während man in der Architektur von zwei einander korrespondierenden (symmetrischen) Theilen des Kunstwerks im engsten oder weitesten Rahmen nur willkürlicher Weise sagen kann, das eine sei dem andern gegenübergestellt, vielmehr stets mit vollem Rechte die Ordnung umgekehrt werden kann, giebt es in der Musik jederzeit ein A, dem ein B korrespondierend, symmetrisch gegenüber tritt, auf jenes antwortend, die Symmetrie herstellend. Dieses zeitlich zweite ist also in diesem Sinne stets Schluss bildend, eben weil die Symmetrie abschliessend. Man nennt herkömmlicher Weise in der rhythmischen Theorie einen solchen Schlusswerth schwer. Die musikalische Schlussbildung ist durchaus an solche schlussfähige Zeiten gebunden, allerdings mit der Reserve, dass in Fällen, wo gegen die gewohnte rhythmische Ordnung durch harmonische und melodische Mittel ein Schluss erzwungen wird, eine Verschiebung der rhythmischen Ordnung vor sich geht, d. h. ein Zeitwerth schwer wird, der bei ungestörtem gleichmässigem Fortgange leicht gewesen sein würde. Überhaupt kann die rhythmische Schlussfähigkeit nur Hand in Hand mit der harmonisch-melodischen Schlussbildung wirkliche Schlüsse bewirken. Trifft auf einen rhythmisch in hohem Maasse schlussfähigen Zeitwerth eine nicht schlussfähige Harmonie, so entstehen die Wirkungen des Halbschlusses oder Trugschlusses, wenn nicht (wie eben angedeutet) der Rhythmus eine Veränderung erleidet. Diese beiden Faktoren: die harmonische Kadenzierung und die rhythmische Symmetrie konstituieren das, was man die Form der Musik nennt. Den eigentlichen Inhalt bilden dagegen die als Abbild seelischen Geschehens aufzufassenden, die Seele des Hörers direkt in Mitleidenschaft ziehenden melodischen, dynamischen und agogischen Steigerungen und Minderungen; damit soll natürlich nicht in Abrede gestellt werden, dass auch Harmonie und Rhythmus am Inhalt wesentlichen Antheil haben, wie es niemandem einfallen wird zu leugnen, dass die melodische Führung und die dynamische und agogische Ausstattung der formalen Gestaltung wesentliche Hülfe leisten. Jedenfalls kann aber eine der angedeuteten entsprechende Unterscheidung der Elemente pädagogisch mit Glück ausgenutzt und für eine klare Formulierung wichtiger Lehrsätze verwerthet werden.

Während es möglich und bis zu einem gewissen Grade selbstverständlich ist, dass man ein architektonisches Kunstwerk zunächst mit einem Blick in seiner Totalität erfasst und erst dann analytisch zur Auffassung der Details übergeht, ist das Verständniss eines musikalischen Kunstwerks nur auf dem umgekehrten Wege zu gewinnen; denn selbst ein gedruckt vor uns liegendes Werk kann nicht erst in seiner Totalität und dann in seinen Details verstanden werden, da es auch der Leser (der ja ebenfalls mit Hülfe der Vorstellungskraft hört) sich im zeitlichen Verlaufe aus kleinen, aneinandergereihten Bruchstücken im Gedächtniss zu grösseren Dimensionen aufbauen muss. Das Verstehen des Ganzen ist also die Folge einer fortgesetzten Synthese. Es ist wohl einleuchtend, dass das Schlussresultat ein monströses sein muss, wenn die Symmetrien im Kleinen nicht mit hinreichender Klarheit verstanden worden sind; denn während bei dem zuerst im Ganzen aufgefassten architektonischen Kunstwerk die Proportionen der grössten Theile zunächst verstanden werden und vor allem für diese strenge Symmetrie gefordert wird, während im kleineren Detail vieles Asymmetrische mit hingenommen wird, ist bei der Musik die Symmetrie im Kleinen

daszunächst zum Verständniss der grösseren Proportionen führende
und sogar eine strenge Symmetrie der letzteren nicht absolut
erforderlich, wenn auch natürlich erstrebenswerth; jedenfalls gehört
zu ihrer vollen Erfassung schon eine starke Gedächtnisskraft.

Die Wichtigkeit der richtigen Bestimmung der
Grenzen der kleinsten, dem Ohr sich bietenden Tonbilder
ist hiernach klar ersichtlich, und es ist gewiss viel weniger
verwunderlich, dass in neuester Zeit diesem Gegenstande so
vielseitig eingehende Beachtung geschenkt wird, als dass derselbe so lange Zeit so nebensächlich behandelt werden konnte.
Die einzige Erklärung dafür finde ich in dem Umstande,
dass das nicht auf Irrwege geleitete Ohr eben diese Symmetrie
im Kleinen — die ja als die direkt sich darbietende, wie
gesagt, die leichtest verständliche sein muss — instinktiv
richtig erfasste, so dass das Bedürfniss einer theoretischen
Klarstellung erst herantreten konnte, nachdem eine falsche
Theorie oder Tradition sich, wer weiss auf welchem Umwege,
eingeschlichen hatte. Heute ist sie wirklich Bedürfnisssache,
denn das neunzehnte Jahrhundert ist auf dem Wege, das
Verständniss der Kunstwerke des achtzehnten zu verlieren.
Einem weiteren derartigen Verfalle Einhalt zu thun und das
Verständniss des Aufbaues der musikalischen Kunstwerke in
integrum restituieren zu helfen, ist der Zweck meiner Phra-
sierungsausgaben wie meiner Bücher über Phrasierung, welche
durch das vorliegende eine weitere wesentliche Ergänzung und
Abklärung erhalten sollen.

Aus dem oben Gesagten erhellt, dass die erste Frage
beim Anhören oder der Lektüre eines Musikstücks, die nach
der ersten Symmetrie sein muss, oder was dasselbe ist, die
Feststellung der ersten Schlusswirkung, des ersten schweren,
rhythmischen Moments. Äusserlich kenntlich ist dieselbe
gewöhnlich durch die Nachahmung der melodischen Zeichnung,
wenigstens in bewegten Sätzen, besonders wenn dieselben auftaktig beginnen, z. B. (Mozarts Sonate A-Dur):

Hier hat die Wiederholung des ersten Motivs in der
höheren Terz die Bedeutung der Antwort, d. h. der zweite
Takt tritt dem ersten gegenüber, so eine erste kleine Symmetrie
herstellend, also als schwererer. Wir bezeichnen den schweren
Takt durch eine kleine, auf den Taktstrich gesetzte Gabel (ᵛ).
Dazu sei gleich bemerkt, dass bei solcher ersten Klarstellung
des Rhythmus der schwerere auch stärker gespielt wird, während
er im grösseren Rahmen (bei Symmetrien von 8 und 8 Takten etc.)
im Gegentheil meist an das Ende des diminuendo kommt,
wofür in der „Dynamik und Agogik" die leitenden Gesichtspunkte entwickelt sind. Obigen zwei Takten treten nun bei
Mozart zwei weitere fester mit einander verbundene gegenüber,
eine Symmetrie nächsthöherer Ordnung herstellend (1+1+2):

und dem damit gewonnenen durchgängig gesteigerten Vordersatze
von 4 Takten anwortet ein ebenso (doch nicht so scharf) ge-
gliedeter Nachsatz von 4 Takten, der gegen sein Ende wieder
an Tonstärke abnimmt:

Eine ähnliche Schlusskraft, wie sie dem zweiten Takte
in seinem Verhältniss zum ersten innewohnt, müssen wir auch
dem vierten, sechsten und achten vindicieren. Aber wie schon
der vierte als Antwort auf den zweiten offenbar diesem gegenüber an Gewicht gewinnt, so ist in noch höherem Grade der
achte gegenüber dem vierten schwer. Diese Gliederung von
8 Takten als 1 + 1 + 2 + 4 ist durchaus typisch; auch die
Symmetrie von 8 und 8 Takten ist noch leicht übersichtlich
und daher vielleicht noch eine Verstärkung der Schlusskraft
für den 16. Takt annehmbar. Weiter dürfte aber wohl der
Verfolg der rein rhythmischen Symmetrie nicht gehen; vielmehr tritt dann an ihre Stelle die Gruppierung nach dem
Inhalt, d. h. es werden verschiedene Themen unterschieden,

die einander gegenübertreten und mit einander abwechseln, verbunden durch mehr oder minder grosse Übergangs-bildungen, kontrastierend nach Tonart (eventuell auch Ton-geschlecht) figurativer Ausstattung u. s. w. Wo diese Bezie-hungen Platz greifen, erscheinen dann nicht selten plötzliche Störungen der rhythmischen Ordnung, von denen die wichtig-sten und häufigsten folgende sind: 1) Auf die Zeit eines Schlusses höherer Ordnung (8. oder 16. Takt), setzt ein bereits dagewesenes oder auch ein neues [dann regelmässig im Charakter, der Tonstärke etc. stark abstechendes] Thema ein, das sich natürlich auch nach dem allgemeinen Gesetz der Symmetrie auf-baut, d. h. mit einem A beginnt, dem erst danach B gegenüber-tritt, also mit einem leichten Takt, der an Stelle des schweren tritt (Umdeutung des schweren Taktes, in der Phrasierungs-Bezeichnung angezeigt durch Einklammerung des Zeichens für den schweren Takt [v]); diese Art der Einführung eines Themas ist bei den Klassikern sehr häufig und als geradezu regulär anzusehen. — 2) Nach einem wirklichen Abschluss setzt ein Thema ein, das sich aus zweitaktigen Stücken aufbaut, deren erstes indes des Auftaktes entbehrt, also mit dem schweren Takte beginnt, so dass ein leichter Takt ausfällt (Elision des leichten Taktes, angezeigt durch eine 1 in der Gabel überm Taktstrich, welche bedeutet, dass schon der folgende Takt wieder schwer ist $\frac{1}{v}$). — 3) Die Melodie bricht kurz vorm Schlusstakt ab und greift noch einmal zurück, ein beliebiges Stück des Themas [meist vom Höhepunkte der Melodie] wieder-holend, wobei der Rhythmus gestört werden kann, indem zwei leichte Takte einander direkt folgen (angezeigt durch eine 3 in der Gabel $\frac{3}{v}$). — 4) Eine Schlusswendung von einem Takt Länge wird nach erfolgtem Abschluss wiederholt, indem sie nochmals Schlusskraft beansprucht, so dass zwei schwere Takte einander direkt folgen; eine Abart hiervon ist die, dass nach einem Schluss eine Nachahmung des letzten Takts mit Wendung in eine andere Tonart folgt, die ebenfalls Schlusskraft haben soll, diese ist dann nur durch verstärkte Tongebung und breitern Vortrag (allargando) überzeugend zur Geltung zu bringen. Bezeichnung wie bei 2. — 5) Ein Thema setzt in einer Stimme ein, wird aber sofort vonn einer andern Stimme abgenommen, die es nochmals anfängt, wobei das schon gehörte Stück für die Symmetrie nicht in Anrechnung kommen soll (selten).

Das gewöhnliche für den ersten Anfang ist der Aufbau aus eintaktigen Stücken; es kommt aber oft vor, dass der Komponist seine Taktart so gewählt hat, dass der von ihm durch Taktstriche begrenzte Zeitraum entweder mehrere eigentliche Takte begreift oder aber umgekehrt nur einen Theil eines Taktes darstellt. Das erstere ist der Fall bei allen zusammengesetzten Taktarten langsameren Tempos ($\frac{4}{4}$, $\frac{12}{8}$, oft auch $\frac{6}{8}$ und $\frac{9}{8}$), letzteres bei allen einfachen Taktarten in sehr schneller Bewegung ($\frac{3}{4}$, $\frac{2}{4}$, $\frac{3}{8}$, wo nur eins gezählt wird). Denn wenn wir Takt mit Motiv derart in Einklang bringen, dass wir unter einem Takt den Zeitraum verstehen, in welchem zwei oder drei Zählzeiten derart geordnet sind, dass eine von ihnen als ihr Kern, Gravitationspunkt, Schwerpunkt erscheint, so ist natürlich ein Takt von nur einer Zählzeit ein Unding, während ein Takt oder vier oder sechs und mehr Zählzeiten schon eine Verbindung mehrerer Taktmotive umfasst. So muss man in den meisten Scherzi Beethovens je zwei Takte zusammennehmen, um erst ein wirkliches Taktmotiv zu gewinnen, und auch bei Mozart finden wir schon oft Taktarten, bei denen der Inhalt eines Taktes nur ein Untertheilungsmotiv ist, z. B. (Sonate A-moll, letzter Satz):

Bei den zusammengesetzten zweitheiligen Taktarten ereignet es sich sehr oft, dass der Komponist den Taktstrich nicht vor den Schwerpunkt des zweiten Taktmotivs, sondern so gestellt hat, dass er die beiden zu einander in Symmetrie tretenden Takte einschliesst, z. B. (Mozart Sonate B-dur $\frac{2}{4}$):

wodurch natürlich, so lange nicht eine der oben beschriebenen Störungen der rhythmischen Symmetrie erfolgt, alle Schlusswirkungen auf die Mitten der vom Komponisten abgegrenzten Takte fallen, d. h. die Taktmitten schwerer erscheinen als die Taktanfänge. Eine solche Schreibweise ist aber nicht ganz korrekt, da der Taktstrich keinen andern Zweck hat, als die relativ schweren Zeiten kenntlich zu machen. Mozart hätte also notieren müssen:

u. s. w. durch den ganzen Satz. Die oben aufgezählten Störungen des glatten Verlaufs des Rhythmus, haben alle das gemeinsam, dass sie entweder einen Takt elidieren oder einen hinzubringen, also dass sie den Abstand eines schweren Taktes vom nächsten schweren entweder um einen ganzen Takt vergrössern oder verkleinern. Für die eben betrachteten uneigentlichen Taktmotive (die nur einzähligen einerseits und die vier- und mehrzähligen andererseits) erscheinen dieselben insofern in etwas anderer Gestalt, als sie für die zu kleinen Taktarten eine Verschiebung der Schwerpunkte um wenigstens zwei Takte, für die zusammengesetzten aber nur um einen halben Takt herbeiführen. Daher die häufigen Fälle bei Bach, Mozart und anderen, dass im Verlauf eines Stücks in C-, $\frac{12}{8}$ Takt häufig die Themen um einen halben Takt verschoben erscheinen, z. B. (Mozart, Sonate G-dur $\frac{3}{4}$, 2. Satz):

[Takt 1ff]. Andante.   [Takt 17ff.]

Noch müssen wir einer merkwürdigen Form des dreitheiligen Taktes gedenken, bei welcher die dritte Zählzeit schwerer ist als die erste, also natürlich eigentlich die Taktstriche auch nicht im strengsten Sinne korrekt stehen. Es kommt nämlich vor, dass drei Zählzeiten in ziemlich langsamer Bewegung in der etwas abweichenden Weise eine künstliche Symmetrie bilden, dass die dritte der ersten als Antwort gegenüber tritt, wobei natürlich die zweite mit der dritten ein Motiv bildet, während die erste für sich allein ein solches vorstellen muss, wie dies sonst nur bei Thema-Anfängen häufig ist. Das Resultat ist natürlich eine sehr scharfe Gliederung, da die allein stehende Zählzeit immer wieder für sich allein anfangen muss. Die Zahl der mir bekannten Beispiele ist nicht gross:

1. Beethoven op. 79, 2. Satz:

2. Derselbe, Lied „Sehnsucht“:

3. Schubert, Mom. music. 1 [Takt 38—41]:

Vgl. auch die 15. dreistimmige Invention J. S. Bachs und den letzten Satz von Beethovens Sonate op. 26, in welch beiden aber die Taktart nur einzählig gewählt ist, sodass erst drei Takte einen Takt in dem oben schärfer präcisierten Sinne ergeben, übrigens aber wiederholt aus der Dreitaktigkeit in die vollständig symmetrische Viertaktigkeit umgesetzt wird.

Was unter schwer und leicht zu verstehen ist, hoffe ich in Obigem durch die Beispiele völlig klar gemacht zu haben, sodass wir nun dazu übergehen können, die tonale Kadenzirung in ihrem Verhältniss zum Rhythmus zu untersuchen.

§ 2. Kadenzen mit den drei Hauptharmonien der Tonart.

Tonalität ist die Auffassung einer Harmoniefolge im Sinne eines Hauptklanges (der sogenannten Tonika). Als Hauptakkord werden wir, soweit nicht besondere Umstände dies

verhindern (etwa Beziehung auf etwas Vorausgegangenes oder Hinzutritt dissonanter Töne, die eine besondere Auffassung bedingen,
(worüber weiter unten) denjenigen fassen, der uns zuerst ent-
gegentritt; daher beginnen in der That die meisten Tonsätze
mit derjenigen Harmonie, welche die Tonika sein soll. Wenn
auch in der neueren Musik die Abweichungen von dieser Regel
welche für vergangene Jahrhunderte bindendes Gesetz war,
sich mehren, so beweist dies doch weiter nichts, als dass die
neuere Musik es liebt, den Hörer zu überraschen, zu täuschen,
irre zu führen. Das schlichte ist und wird sein der Anfang
mit der Tonika. Der eigenartige, oft genug ziemlich
komplizierte Denkvorgang der Auffassung der dieser beginnenden
Tonika folgenden Harmonien findet zunächst seinen Abschluss
durch das Zurückkehren zur Tonika. Nur ganz ausnahmsweise haben es die neueren Komponisten gewagt, ein Tonstück,
das als geschlossen angesehen werden soll (d. h. nicht als
Einleitung zu einem weiter folgenden), mit einer anderen
Harmonie als der tonischen enden zu lassen (s. Schumann,
„Kinderscenen"). Denn wenn wir während eines Tonstücks
die Tonika insofern immer im Sinne behalten sollen, dass
wir alle Klänge, die ihr folgen, nach ihrem Verwandschafts-
verhältniss zu ihr beurtheilen, so haben wir eigentlich solange
zwei Klänge gleichzeitig im Ohr, bis die Tonika wieder allein
erklingt; mit anderen Worten: eigentlich ist im strengsten
Sinne jede Harmonie dissonant mit alleiniger Ausnahme der
Tonika; denn Dissonanz ist ganz allgemein Störung der Klang-
einheit. Die einfachsten Bildungen dieser Art entstehen, wenn der
Tonika ein einziger anderer, aber ihr nahe verwandter, gegen
sie leicht verständlicher Klang gegenübertritt und nach diesem
die Tonika selbst wieder eintritt, z. B. für C-dur:

$$1. \quad c^+ \;-\; g^+ \;-\; c^+.$$
$$2. \quad c^+ \;-\; f^+ \;-\; c^+.$$
$$3. \quad c^+ \;-\; {}^0c \;-\; c^+.$$

oder für A-moll:
$$1. \quad {}^0e \;-\; {}^0a \;-\; {}^0e.$$
$$2. \quad {}^0e \;-\; {}^0h \;-\; {}^0e.$$
$$3. \quad {}^0e \;-\; e^+ \;-\; {}^0e.$$

In diesen einfachen Sätzchen von je 3 Akkorden haben wir die Elemente zu unterscheiden:

a) die erste Aufstellung der Tonika,
b) die Wegbewegung zu einem auf sie bezogenen Klange,
c) die Rückkehr zu ihr.

Diese einfachste harmonische Form entspricht vollkommen jener rhythmischen, welche mit einem nur durch seinen Schwerpunkt vertretenen Motiv beginnt, dem ein zweites vollständiges antwortet:

schwer   leicht   schwer.

Der Schluss auf der Tonika tritt in diesem Falle dem Anfang auf der Tonika symmetrisch gegenüber, sodass es nahe liegt, dabei an die oben besprochene künstliche Symmetrie in dreizähligem Takt zu denken. In der That würde die Verbindung beider eine vernünftige Musik ergeben, z. B.:

Das allzustark Gegliederte derartiger Bildungen, das oben schon in rein rhythmischer Beziehung motiviert wurde, ist aber natürlich hier noch viel auffälliger, da jede dieser kleinen Symmetrien vollständig für sich abgeschlossen ist und keinerlei Nöthigung zum Weiterbilden enthält. Ueberhaupt sind aber diese dreigliedrigen Bildungen (rhythmisch) Seltenheiten und Ausnahmen; das Natürliche ist, dass beim Weitergehen dem neuen Anfangsmotiv sein Auftakt nach Analogie des Auftakts des zweiten Motivs zuwächst: — ◡ — | ◡ — ◡ — ‖ ◡ etc. Bei mehrstimmiger Ausarbeitung wird er zum mindesten in den Begleitstimmen auftauchen, wenn auch die Melodie ihn nur durch Pausen füllt, resp. zur Verlängerung der Schlussnote benutzt:

Immer noch wird aber auch hier das Stillstehen auf und Wiederanfangen mit der Tonika als unnatürliches Hemmniss

empfunden werden. Mit andern Worten: so natürlich und selbstverständlich das erste Anfangen mit der Tonika ist, so ist
doch das immer wieder mit der Tonika anfangen nichts
weniger als nothwendig; vielmehr ist eine stereotype Formel der
Klassiker die, dass einem derartigen geschlossenen Sätzchen
von drei Klängen ein symmetrisches dreiklängiges antwortet,
das weder mit der Tonika antwortet, noch mit ihr schliesst:

Noch häufiger ist freilich aber die Form, dass das dreiklängige Sätzchen durch Wiederholung des Dominant-
akkordes in ein vierklängiges verwandelt wird. Dann rückt
aber gewöhnlich die beginnende Tonika vor den ersten
Schwerpunkt, sodass zwei vollständige Motive entstehen von
Gestalt:

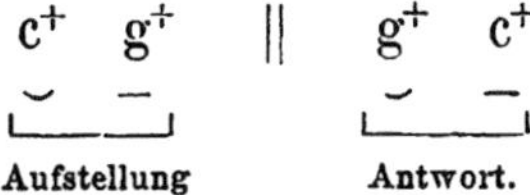

z. B: Beethoven op. 49. II, 2. Satz:

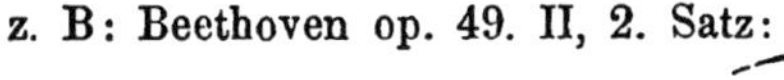

Ein Beispiel der andern Form, bei welcher die Dominante
auf den Schlusswerth des viertaktigen Sätzchens rückt, wodurch
sie grösseres Gewicht bekommt, ist:

(Mozart, Sonate D-dur $\frac{3}{4}$):

Das diesen vier Takten gegenübergestellte antwortende
Sätzchen vertheilt die Harmonien so, dass der schwerste Zeitwerth (Takt 8) wiederum die Oberdominante bringt:

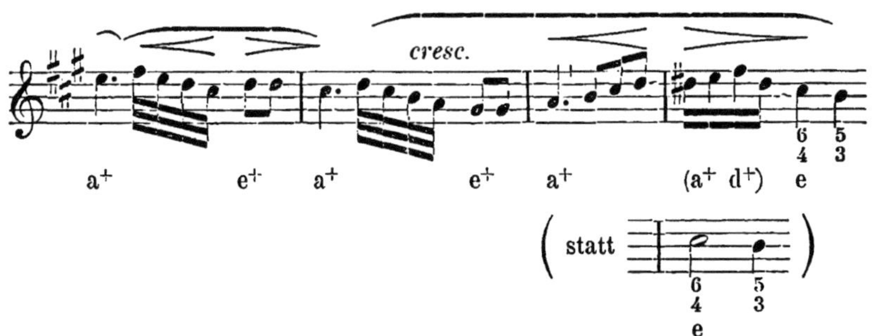

Ein derartiges Treffen der Dominante auf einen schlusskräftigen Werth erzielt eine eigenartige unter dem Namen Halbschluss bekannte Wirkung; ist dieselbe auf den vierten Takt
noch nicht sehr auffällig, so ist sie es dagegen auf den achten
Takt ganz gewiss. Die Wirkung ist schlussartig, d. h. es
wird eine starke Gliederung, ein Hauptabschnitt empfunden,
aber mit der Nothwendigkeit der weiteren Fortsetzung (in
derselben Tonart). Die Schlusskraft des Rhythmus steht hier
also im Gegensatz zu dem der Harmonie fehlenden Schlusse.

Einige wohl zu beachtende Unterschiede weist die Unterdominante bezüglich der durch den Rhythmus bedingten Schlusswirkungen auf. Während sie bei der ersten ein- und zweitaktigen
Bildung ohne eine andere Veränderung der Wirkung als die
durch die ihre abweichende Verwandtschaft und Klanghöhe
bedingte statt der Oberdominante eingestellt werden kann,
äussert sich, je mehr sie auf in höherem Grade schlussfähige
Werthe rückt, ein ganz merkwürdiges Hindrängen zum Schluss
in ihr, das ein Abweichen von der strengen Symmetrie beinahe
fordert. Eine Bildung (der obigen Beethoven'schen nachgebildet):

würde, ohne irgend jemanden in Verwunderung zu setzen, mit

zwei statt vier weiteren Takten zum Schlusse geführt werden, zum Beispiel

Ebenso würde eine Veränderung des obigen Beispiels aus Mozarts Alla polacca der D-dur-Sonate nach 2 statt nach 8 weiteren Takten einen befriedigenden Schluss finden, wenn der 8. Takt statt der Oberdominante die Unterdominante erhielte, z. B.

Die schlussartige Wirkung, welche an derselben Stelle die Oberdominante hatte, ist verschwunden, von der Empfindung eines Hauptabschnittes kann nicht mehr gesprochen werden, vielmehr heischt die angedeutete Erwartung des nahen Schlusses eine engere Beziehung des zweitaktigen Stücks, welches die Unterdominante abschliesst, mit dem nachfolgenden den Schluss wirklich machenden zweitaktigen Stück, derart dass ersteres als Vordersatz für letzteres erscheint, also, da es doch zugleich Antwort auf das Vorausgehende war, doppelt bezogen wird (Doppelphrasierung). Durch diese Doppelbeziehung, welche in der Dynamik ihren Ausdruck finden muss (Crescendo mit Höhepunkt der Tonstärke auf der Unterdominante und folgendem Diminuendo zum Schluss) wird die Symmetrie zwar nicht vollkommen, doch einigermassen (4 + 4) wiederhergestellt:

$$\overset{\displaystyle 4}{\overbrace{1 + 1 + 2}} + \overset{\displaystyle 4}{\overbrace{2}} + \overset{\displaystyle 4}{\overbrace{2 + 2}}$$

Von dieser Wirkung ist als der des Halbschlusses näher stehend die des Trugschlusses zu unterscheiden, welche dadurch entsteht, dass der Bass statt seinen gewohnten Schritt vom Grundton des Oberdominant-Akkordes in den Grundton der Tonika zu machen, nur einen Sekundschritt aufwärts macht, während die übrigen Stimmen den Schluss vollführen. Der Trugschluss ist daher ein **wirklicher Schluss**, nur ist dieser Schluss durch einen gleichzeitig einsetzenden fremden Ton gestört, sodass die Nothwendigkeit einer nochmaligen, den ungestörten tonischen Akkord bringenden Kadenz gegeben ist. In Dur entsteht durch den Trugschluss scheinber ein Mollakkord, in Moll scheinbar ein Durakkord; das Ohr nimmt diese Akkorde aber nicht für das, was sie scheinen, sondern hört die Tonika mit einem dissonanten Tone:

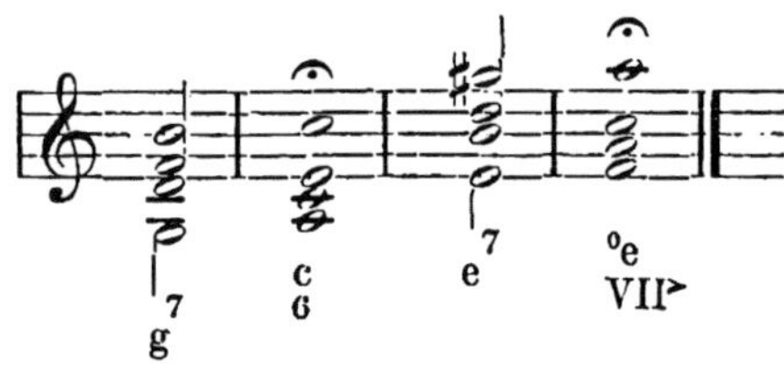

Statt der leitereigenen Forschreitung wird in Dur wie in Moll beim Trugschluss auch manchmal die der Quintwechseltonart (die ja dieselbe Oberdominante hat) angehörige entlehnt, wodurch die zwei Varianten entstehen:

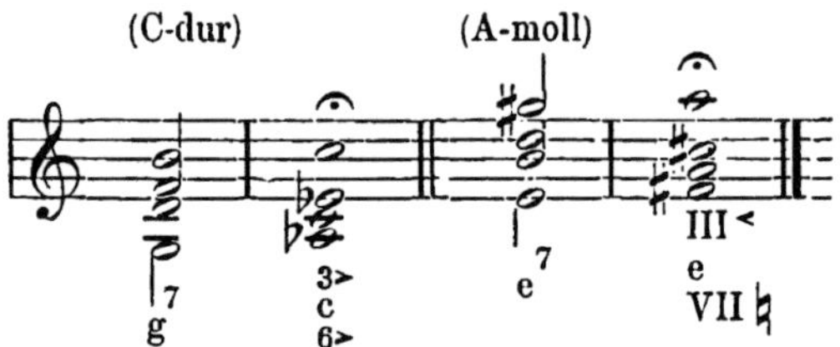

Der Trugschluss drängt nicht in dem Masse zum Schluss wie die auf einen höheren Schlusswerth treffende Unterdominante, sofern er noch eine ganze weitere Kadenz bedingt, während die Unterdominante nur noch eine halbe fordert; aber er theilt doch auch nicht die Eigenschaft des Halbschlusses, die Symmetrie gar nicht zu stören. Tritt er im 8. Takt auf, so wird der Ganzschluss meist schon nach 4 statt nach 8 weiteren Takten folgen. Der Trugschluss fordert im Vortrag ein wenn auch nur von vorhergehendem Akkorde beginnendes **crescendo** statt des sonst natürlichen diminuendo, ist also ebenfalls eine Doppelphrasierung; da er aber die Empfindung eines **Haupteinschnittes** zulässt, so bedingt er nicht die Zusammenbeziehung mit dem nachfolgenden Schluss zu einer Phrase sondern nur Vorwärtsbeziehung des störenden **Tones**.

Wie aus diesem Nachweis zur Evidenz hervorgeht, ist **die Wirkung der beiden Dominanten** der Dur-Tonart nichts weniger als gleichartig. Wie ich bereits in der „Musikalischen Syntaxis" und in der „Harmonielehre" betonte, beruht die Verschiedenartigkeit der Wirkung in der Gegensätzlichkeit der Beziehung auf die Tonika. Die Oberdominante in Dur steht in Verhältniss natürlicher Descendenz zur Tonika, da sie nur aus Obertönen derselben besteht; die Unterdominante ist dagegen ein Klang, in dessen Obertonreihe sich die Tonika selbst findet; es bedarf eines zähen Festhaltens der Bedeutung der Tonika gegenüber der Möglichkeit, sie als Theilklang der Unterdominante zu verstehen (was nichts Geringeres bedeuten würde, als dass sie bezogener Klang und eigentlich jene die Tonika wäre, wie das bei **Modulationen** wirklich angenommen werden muss). Die Unterdominante muss aber vielmehr als Klang der Unterquinte der Tonika (also als verwandt im Mollsinne) verstanden werden wie der Seitenwechselklang, der ja oft ihre Rolle vertritt. Dem Seitenwechselklange (^{0}c in Dur) fehlt aber der eigenartige Reiz, den die Dur-Unterdominante durch jene Möglichkeit der Verwechselung der Rollen hat. Darum ist die eigentliche Stellung **der Unterdominante in der beide Dominanten nach einander bringenden Kadenz direkt nach der Tonika**, wo die Gefahr der verkehrten Auffassung am grössten ist, da c^+ — f^+ ebensogut als retrograder schlichter Quintschritt, also als Schluss verstanden werden kann, wie als Gegenquintschritt. Diejenigen Theoretiker, welche die Skala c d e f g a h c in zwei Tedrachorde c d e f und g c h c zerlegen, denen sie gleiche Wirkung vindicieren, geben offenbar diesem Gefühl nach und empfinden die Folge c^+ — f^+ als Schluss, modulieren also und werden erst durch das folgende g^+ — c^+ wieder nach Hause geführt. Diese Möglichkeit werden wir später nicht unberücksichtigt lassen, müssen aber vorerst ganz besonders Werth darauf legen, dass die Unterdominante wirklich als gegensätzlicher Klang verstanden wird, nicht als Ruhepunkt, sondern als Konfliktakkord, bei dem es gilt, das Tonalitätsgefühl in seiner ganzen Stärke zu bethätigen. Wer die Unterdominante nicht in diesem Sinne zu verstehen mag, in dessen musikalischem Empfinden ist eine arge Lücke. — Der Konflikt zwischen Tonika und Unterdominante findet seine friedliche Lösung durch den Eintritt der Oberdominante, welche als unzweifelhafter Partialklang der Tonika befriedigend in diese zurückführt. Die umgekehrte Ordnung: Tonika — Oberdominante — Unterdominante — Tonika entbehrt dieses kräftigen Elements, da nach der Oberdominante die Unterdominante nur durch Beziehung auf die übersprungene Tonika verständlich ist; der Rückgang von der Unterdominante zur Tonika ist aber kein natürliches Heimkehren des Theils in das Ganze, und hat daher nicht die vollkommene Schlusskraft der Folge: Oberdominante — Tonika.

Die vier Hauptstationen der tonalen Kadenzbildung sind also:

     I. Tonika (erste Aufstellung).
     II. Unterdominante (Konflikt).
     III. Oberdominante (Lösung des Konflikts).
     IV. Tonika (Bestätigung, Schluss).

Die Unterdominante wird in ihrer Wirkung durch Crescendo-Vortrag von der Tonika aus unterstützt, während ein Diminuendo umgekehrt die falsche Auffassung als Schlussbildung unterstützen würde (s. Dynamik und Agogik § 41). Eine vierklängige Kadenz $c^+ - f^+ - g^+ - c^+$ wird sich daher sehr glücklich mit der rhythmischen Form

⌣   —   ⌣   —

leicht schwer   leicht schwer

verbinden, gleichviel, ob wir dieselbe auf zwei oder vier Takte berechnet denken:

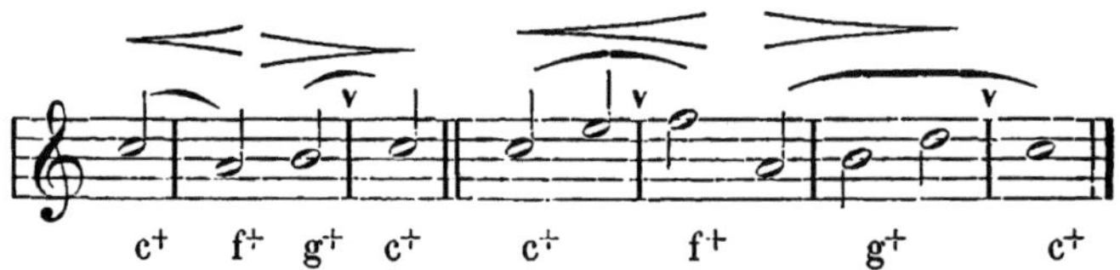

z. B. (Mozart, Sonate b-Dur c):

Statt dieser Anordnung, welche die für die Unterdominante erwünschte Tonverstärkung an die Stelle bringt, an welcher eine solche, wie oben betont, zugleich zur Verdeutlichung des Rhythmus erwünscht ist (auf den die erste Symmetrie herstellenden zweiten Takt), ist aber eine andere nicht ganz so einfache aber desto wirksamere beliebt, welche zunächst für die ersten zwei Motive sich auf den Wechsel der Tonika und Oberdominante beschränkt und die Unterdominante für den Nachsatz aufspart, wo sie dann in der Regel auf den leichten Takt fällt, diesen gegen die schlichte Natur verstärkend, aber einen um so wirkungsvolleren Rückgang der Dynamik für den Schluss einleitend, z. B. (Mozart-Sonate C-dur, 1. Satz, Schlussthema):

Die folgenden Aufgaben sind mit Benutzung des jeder beigeschriebenen Motivs zu bearbeiten, d. h. die Art der Fortführung des Motivs ist dem Schüler überlassen; doch sei darauf aufmerksam gemacht, dass gewöhnlich das zweite eintaktige Stück dem ersten nachgebildet ist (meist auf anderer Stufe ansetzend), und dass das beiden antwortende zweitaktige in der Regel nochmals mit einer Nachbildung des Anfangsmotivs anfängt, dann aber eine andere Wendung nimmt; setzt das erste Taktmotiv ohne Auftakt ein, so kann natürlich nur das zweite als Muster für das dritte dienen. Bei Themen, die in gleichen langsamen Werthen anfangen, belebt sich gewöhnlich der Rhythmus nach der ersten Symmetrie; ein Blick auf die obigen Beispiele im Text wird das näher erklären. Der Satz sei gewöhnlicher Klaviersatz mit Markierung der Harmonie auf die Hauptzeiten oder auch mit Arpeggien, ad libitum mit skalenartiger Bewegung untermischt.

Aufgaben.

(ᵛ zeigt den schweren Takt an.)

1. Andante.

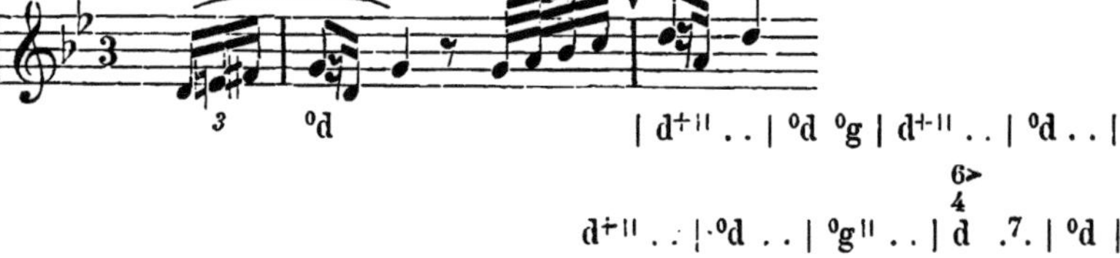

g⁺   c⁺ | g⁺ ‖ .. | d⁺ g⁺ | d $\overset{6}{\underset{3}{\overset{4}{5}}}$ ‖ .. | g⁺ c⁺ .|

g⁺ ‖ .. | c⁺ d⁺ | g $\overset{7<}{\underset{3}{4}}\overset{8}{}$ ‖

2. Presto.

°h | h⁺ ‖ .. | °h .. | h⁺ ‖ .. | ..⁷ | °h ‖ .. |

e VII | h⁺ ‖ .. | °h .. | h⁺ ‖ .. | °h .. | °e ‖ .. | .. VII .. | h ‖ .. | b⁺ .. | °h ‖

3. Adagio.

as⁺ | des⁶ ‖ .. | es as | es ‖ ..⁷ | as⁺ .. | des⁶ ‖ .. | es $\overset{6}{\underset{}{4}}$ ..⁷ | as⁺ ‖

4. Adagio.

°a   a⁷ | °a ‖ a⁷ | °a °d | a $\overset{6>}{\underset{}{4}}$ ⁺ .. | °a a⁷ | °a ‖ °d | °a a⁷ | a⁷ °a ‖

5. Allegro.

d⁺   g⁺ | d⁺ ‖ .. | a⁺ d⁺ | a⁺ ‖ .. | d⁺ .. |

g⁺ ‖ .. | a $\overset{6}{\underset{}{4}}$.⁷. | d⁺ ‖

6. Maëstoso.

³   °d | d⁺ ‖ .. | °d °g | d⁺ ‖ .. | °d .. |

d⁺ ‖ .. | °d .. | °g ‖ .. | d $\overset{6>}{\underset{}{4}}$.⁷. | °d ‖

7. Andantino.

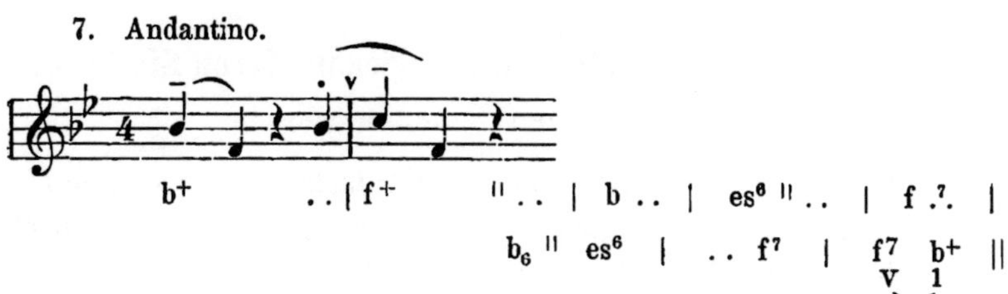

8. Molto mosso.

9, Allegretto.

10. Sostenuto.

11. Giojoso.

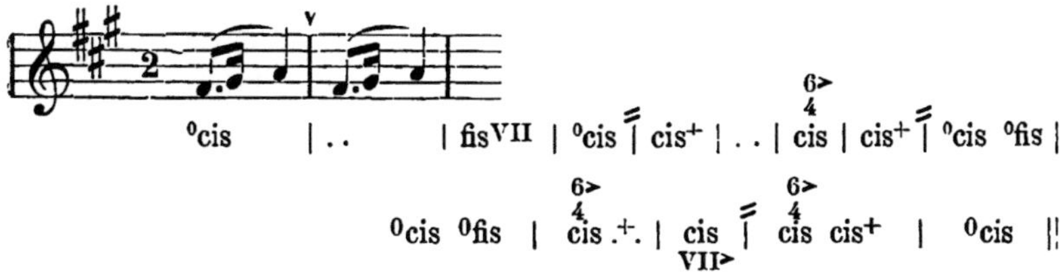

12. Allegretto poco sostenuto.

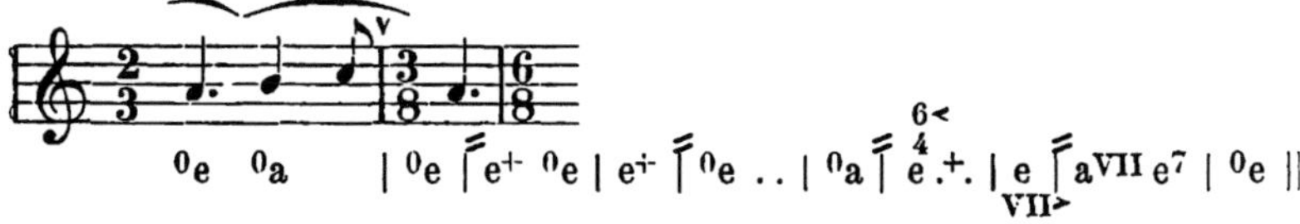

§ 3. Erweiterung der Kadenz der Durtonart durch Einführung der leitereigenen Nebenharmonien.

Wie die drei Hauptharmonien (tonischer, Unterdominant-, und Oberdominant-Dreiklang), so haben auch alle anderen durch Verbindung der Elemente dieser drei Harmonien entstehenden Nebenharmonien besondere Wirkungen, welche ihnen bestimmte Stellen in der Kadenz als die angemessensten zuweisen. Wir haben bereits in den vorigen Aufgaben einige dissonante Gebilde eingeführt, deren Sinn wir aus der Harmonielehre als bekannt voraussetzen mussten. Die Hinzufügung der Septime zum Oberdominantakkord stört in keiner Weise dessen Sinn und Klang, ist im Gegentheil geradezu charakteristisch für denselben, so dass wir von jetzt ab die Formel: „Durakkord mit Septime" stets in dem Sinne gebrauchen werden, dass der Durakkord Oberdominant ist (z. B.: c^7 = Oberdominant von f^+ oder ^0c); ebenso ist die Unterseptime beim Mollakkord charakteristisch, wenn derselbe Unterdominante ist (z. B.: e^{VII} als Unterdominante von ^0h oder e^+); desgleichen ist die Sexte bei der Dur-Unterdominante etwas so Alltägliches, dass wir die Formel „Durakkord mit Sexte" meist als gleichbedeutend ansehen können mit Durakkord als Unterdominante, z. B.: g^6 als Unterdominante in D-dur (der Mollakkord mit Untersexte müsste folgerichtig die Bedeutung des Mollakkords als Oberdominante in Moll nahe legen; derselbe ist uns aber, wie die Molloberdominante überhaupt, durchaus ungeläufig). Dass elliptische Gestalten dieser vierstimmigen Akkorde denselben Sinn haben, versteht sich von selbst und ist aus der Harmonielehre bekannt (h d f = g^7 oder $_a{}^{VII}$, d f a in C-dur = f^6). Auch der Quartsextakkord, den wir natürlich nicht entbehren konnten, aber hier nicht wie in den ersten Kapiteln der Harmonielehre maskiert schreiben zu müssen glaubten $\left(\overset{6}{\underset{5}{\overset{4}{g}}} \text{ als } c, \overset{6{>}}{\underset{I}{\overset{4}{e}}} \text{ als } e\right)$, ist bekannt als eine vorbereitende Gestalt der Oberdominante (Vorhalt der Quarte und Sexte vor der Terz und Quinte). Ueber die Behandlung desselben in rhythmischer Beziehung ist

zu bemerken, dass er gern auf dem letzten schweren Takt
vorm Schluss erscheint, oder doch, wo mehrere Harmonien in
einem Takt auftreten, zu Anfang des vorletzten Taktes. Der
ihm ähnlich scheinende Dur- oder Mollakkord mit der 5 resp. I·
als Basston tritt im Gegentheil mit Vorliebe auf einem leichten
Takttheil ein, da er ein fast nur durchgangsweise erscheinendes
Gebilde ist. Von den zunächst noch möglichen leitereigenen
Dreiklangsgebilden in Dur entsteht der Terzwechselklang der
Tonika (a c e in C-dur) entweder durch den Trugschluss, wie
oben erklärt (§ 2), oder er ist eine nach der Tonika im Uebergange zur Unterdominante sich ungezwungen einfügende Zwischenharmonie. Sein Sinn ist in beiden Fällen nicht ⁰e, sondern c⁶,
das a (die ⁶) kann man als eine theilweise Anticipation der
Unterdominante definieren. Der Dreiklang e g h in C-dur ist
in zweierlei Sinn möglich; einmal als eine dem Quartsextakkord
ähnliche Form der Oberdominante, bei der die Sexte eigentlich
Vorhalt vor der Quinte ist, aber meist sich nicht in diese
auflöst, sondern beim Schluss in die Tonika sprungweise nach
c fortschreitet. Das ist wenigstens die von Schubert oft
geschriebene Art seiner Behandlung:

Den Sinn des Oberdominantakkords mit Sexte (neben
der Quinte) erhält er nur bei Modulationen, worüber später
noch genug zu reden sein wird. Sehr häufig hat er dagegen
den Sinn der Tonika mit grosser Septime (ₑ⁷⁴) und seine Stelle
in der Kadenz ist dann zwischen Tonika und Unterdominante
und zwar noch vor c⁶ (das ja schon ein Element der Unterdominante selbst enthält). Natürlich ist h ein Theil der Oberdominante, aber gerade deswegen, weil in dieser Harmonie
Tonika und Oberdominante zugleich vertreten sind, erwarten
wir nach ihr die Unterdominante. Denselben Sinn haben daher
auch c e g h d und e g h d. Der Akkord f a c e enthält

noch mehr Theile der Unterdominante als c e g a und wird daher schon selbst als Unterdominantakkord mit grosser Septime verstanden werden, gehört aber vor f a c d oder f a d, wenn dies vorkommt. Die Bildungen g h d f a und h d f a werden dagegen bereits als Vertretungen der Oberdominante selbst verstanden, in die noch Elemente der Unterdominante herüberragen. Die gesammte Reihe ist daher in geschlossener Folge diese: c^+ ($c^{7<}_{\quad 9}$) $c^{7<}$ c^6 $f^{7<}$ f^6 g^9 g^7 c^+, in Noten:

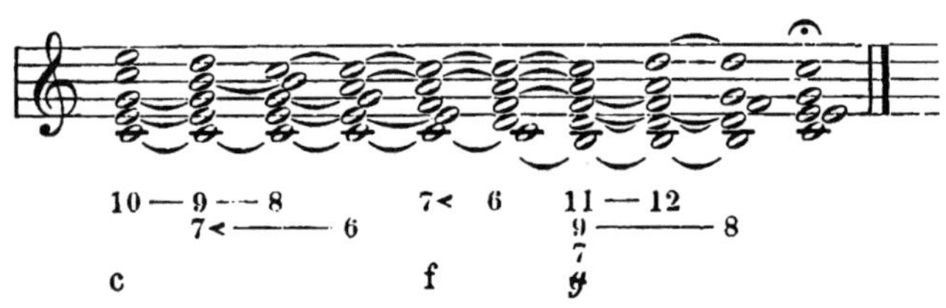

In dieser minutiösen Vollständigkeit wird die Folge kaum irgendwo vorkommen; weit wichtiger sind die Formen, welche statt der grossen Septimenakkorde ($c^{7<}$, $f^{7<}$) und Sextakkorde (c^6 f^6) die elliptischen Formen derselben einführen, in welchen sie als Mollakkorde erscheinen:

Es ist gewiss ein Beweis für die Auffassung der Terzwechselklänge (bei *) im Dursinne, dass wir, trotzdem ihrer drei einander folgen (noch dazu als wirkliche Mollakkorde behandelt) dennoch keine Gefährdung der Tonalität des c^+ verspüren.

Jede Verkettung der Harmonien der Tonart, welche nicht der obigen Reihenfolge entspricht (wenn auch nur in elliptischer Gestalt) wird stets mehr oder weniger zurückgreifend erscheinen, d. h. nach jedem Akkord, der in obiger Kadenz früher notiert ist als der, welchem er folgt, werden wir uns nicht dem Schlusse nähergebracht, sondern wieder nach rückwärts versetzt finden. Eine nur scheinbare Ausnahme ist hie und da zu statuieren, wenn einem Akkorde der Unterdominantgruppe ein c e g h oder e g h d folgt; diese Akkorde können nämlich statt der obigen „tonal-logischen" Fortschreitung eine solche nehmen, die wir „Vorhaltslösung" nennen müssen, wenn sich nämlich c und e nach d resp. f bewegt: dann ist aber die Chiffrierung als $c^{7<}$ resp. $e^{\frac{9}{7<}}$ falsch und nur $g^{\frac{6}{4}}$ resp g^6 am Platze — d. h. die Ausnahme verflüchtigt sich in die Regel. Elliptische Formen der obigen Kadenz, die aber die 4 Hauptmomente noch erkennen lassen, sind:

Dagegen greifen die folgenden bei † auf zurückliegende Kadenzmomente zurück:

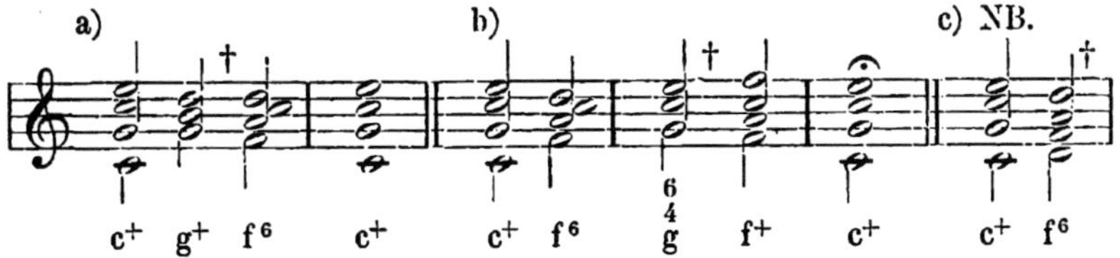

Hierzu ist einiges zu bemerken. Die mit NB. bezeichneten Beispiele haben nämlich nicht in dem Grade etwas gewaltsam Zurückgeschraubtes wie die übrigen. Bei f (und g) liegt das daran, dass die Folge g^7 — c^6 (letzteres in der Form von ^{0}e) immerhin in gewissem Grade Trugschlusswirkung hat, also statt die Kadenz abgebrochen und zurückgreifend erscheinen zu lassen, sie vielmehr gliedert, d. h. eigentlich zwei Kadenzen (bei f = c^+ g^+ c^+ und c^6 g^7 c^+) mit einander verbindet. Bei c und d ist die Sachlage noch komplizierter, da die Folge f^6 — c^6 in der Form ^{0}a — ^{0}e eine schnelle Ausweichung nach A-moll und c^6 — $c^{7<}$ in der Form ^{0}e — ^{0}h eine ebensolche nach E-moll macht, die trotz sofort folgender Zurückdeutung doch ähnlich gliedert, d. h. einen leichten Ruhemoment in der fremden Tonart herbeiführt. Wir werden sehen, dass diese Möglichkeit schneller Ausweichungen noch viel weiter ausgebeutet werden kann. Bei e kann man die beiden a als durchgehend verstehen, sodass das g^7 bleibend erscheint.

§ 4. Die Sequenzen.

Die oben gekennzeichneten Wirkungen der nicht in tonallogischer Folge verlaufenden Harmonieverbindungen werden nun aber fast ganz beseitigt, zum mindesten durch ein mächtiger die Auffasssung bestimmendes anderes Princip in den Hintergedrängt in der sogenannten Sequenz. Eine mangelhafte Erkenntniss des Wesens der Sequenz hat die Theoretiker lange irre geführt und sie zu Aufstellungen veranlasst, welche die Gesetze der tonalen Logik arg verunstalten (z. B. findet sich der unglaubliche Satz, dass die natürlichste Fortschreitung von f a c in C-dur die nach h d f ist, und dass h d f am natürlichsten nach e g h weitergeht). Fétis ist der erste, der erkannte, dass die Fortschreitungen in der Sequenz nicht von harmonischen, sondern von melodischen Gesichtspunkten aus beurtheilt werden müssen, und dass Akkordfolgen, die in der Sequenz nothwendige sind, ausserhalb derselben nichts weniger als natürlich sein können. Die (tonale) Sequenz ist nämlich nichts anderes als die Fortschreitung eines (meist kurzen) Motivs durch die Tonleiter (steigend oder fallend). Die Sequenz nimmt regelmässig ihren Ausgang von einer gut tonallogischen Harmoniefolge, ahmt dieselbe stufenweise nach oben oder nach unten fortschreitend nach und hört in der Regel auf, wenn sie wieder bei einer Harmonie anlangt, die mit der den Schwerpunkt des Anfangsmotivs bildenden ihrer Stellung in der Kadenz nach gleichbedeutend ist und rhythmisch an gleichwerthiger Stelle erscheint.

Die häufigste Sequenz ist wohl diejenige, welche den Schlussschritt $g^7 - c^+$ resp. $g^+ - c^+$ nachahmt; diese ist es wenigstens, welche die Theoretiker zu den oben erwähnten Fehlschlüssen verleitet hat. Was den Irrthum entschuldbar macht, ist der Umstand, dass der Schritt Tonika-Unterdominante ($c^+ - \cdot f^+$) diesem Schritte gleicht und daher ebenfalls in der Sequenz, die jenen Schritt nachahmt, vorkommt; auch $^0e - {}^0a$ ($= c_5^6 - f_5^6$) und $^0a - g^+$ ($= f_5^6 - g^+$) und $^0h - {}^0e$ ($= c^{7<}$ $- c_5^6$) die wir als normale, tonal-logische Fortschreitungen kennen gelernt haben, treffen wir in dieser Sequenz an:

Motiv.

1.

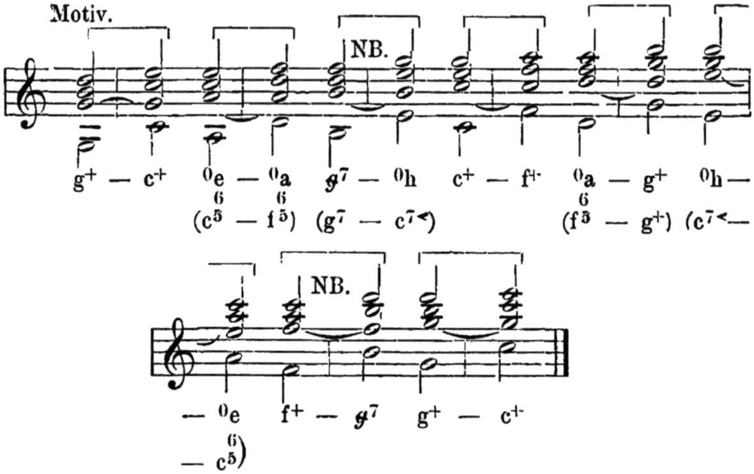

$$g^+ - c^+ \quad {}^0e - {}^0a \quad g^7 - {}^0h \quad c^+ - f^+ \quad {}^0a - g^+ \quad {}^0h -$$
$$ \overset{6}{} \quad \overset{6}{}$$
$$(c^5 - f^5) \quad (g^7 - c^{7<}) \qquad\qquad (f^5 - g^+) \; (c^{7<} -$$

NB.

$$- {}^0e \quad f^+ - g^7 \quad g^+ - c^+$$
$$- c^5 \,\overset{6)}{}$$

2.

$$g^7 - c^+ \quad f^{7<} - g^7 \quad \underset{9}{e^{7<}} - \underset{6}{e^5} \quad f^6 - g^+ \quad c^{7<} -$$

NB.

$$f^+ \quad g^9 \;--\; e^{7<} \quad c^6 - f^5 \quad g^7 - c^+$$

8va bassa

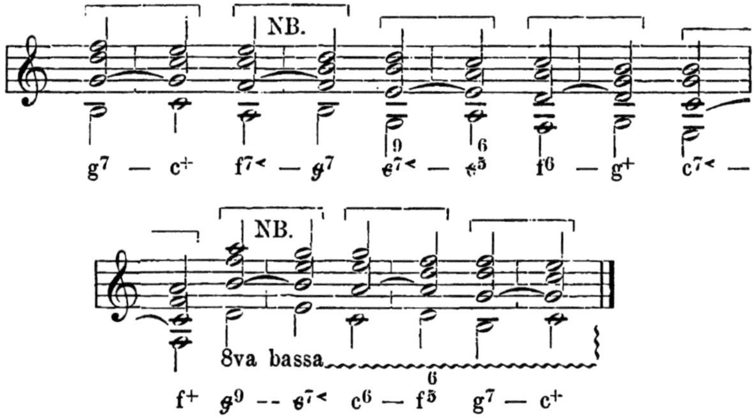

Das Motiv $c^+ - f^6$ erzielt die Sequenzen:

3.

$$c^+ - f^6 \quad \underset{6}{f^5} - g^6 \quad e^{7<} - f^{7<} \quad f^+ - g^7 \quad g^+ - c^6 \quad \overset{6}{c^5} -$$

NB.

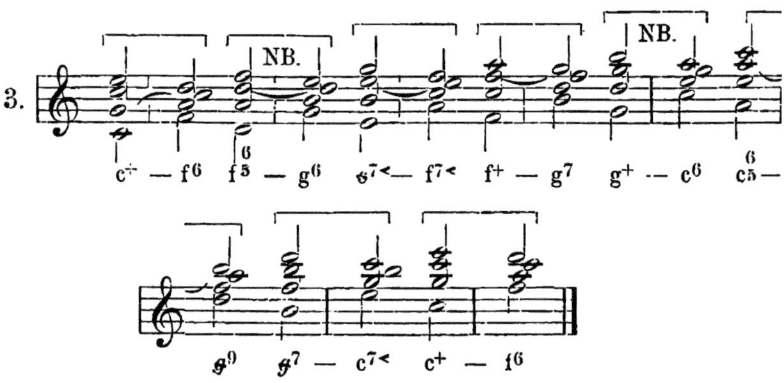

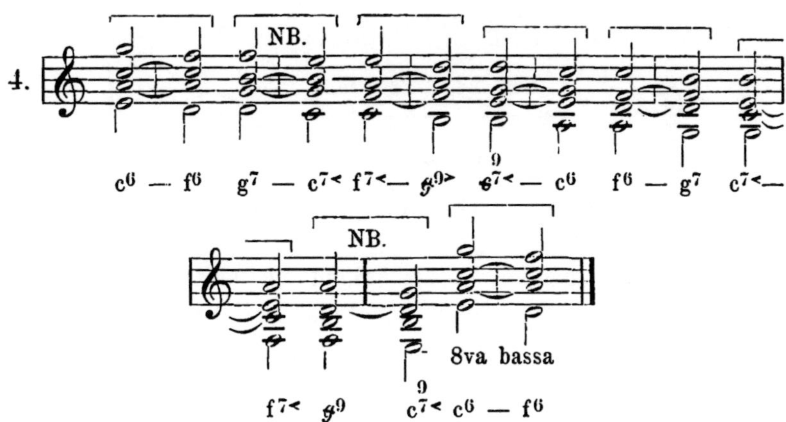

Da wir in No. 4 f^6 — g^7 finden, so hat es keinen Sinn,
dieses einer besonderen Sequenz zu Grunde zu legen; dieselbe
könnte nur mit No. 4 identisch ausfallen. Wohl aber muss
das Motiv c^+ — g^+, dessen tonal-logische Bedeutung natürlich
ausser allem Zweifel steht, neue Verbindungen ergeben:

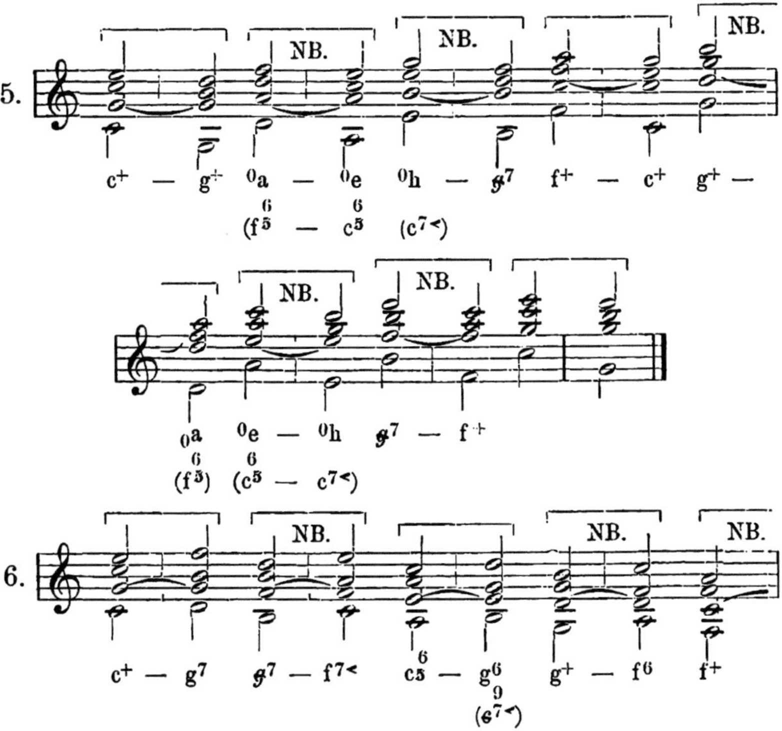

Die Widerharigkeit dieser beiden Sequenzen erklärt sich hinlänglich durch die vielen der tonal-logischen Folge widersprechenden Motive, welche dieselbe ergiebt. Einige Beispiele aus Bachs „Wohltemperirtem Klavier" mögen illustrieren, wie die Sequenz sich im figuriertem Satze ausnimmt, und zugleich als Muster für die Ausarbeitung der nachfolgenden Aufgaben dienen:

I, Prael. I (vgl. Schema 4, vom 5. Motiv ab).

I, Prael. 14 (vgl. Sch. 1, vom 2. Motiv rückwärts).   I, Prael. 12, (vgl. Sch. 2).

§ 5. Tonale Kadenzen und Sequenzen in Moll.

Wie aus der Harmonielehre bekannt, hat die Molltonart
zwei sehr stark von einander abweichende Möglichkeiten der
Kadenzbildung, deren eine (mit Molloberdominante), die der

Molltonart im strengsten Sinne eigene aber seltener angewendete, der Kadenz der Durtonart gegensätzlich ist, die andere (mit Duroberdominante) dagegen derselben nachgebildet. Der Durkadenz $c^+ - f^+ - g^+ - c^+$ stehen gegenüber die Mollkadenzen;

$$^0e - {}^{\flat}h - {}^0a - {}^0e \quad \text{und} \quad {}^0e - {}^0a - e^+ - {}^0e$$

Für die erste Kadenz gehören folgerichtig die Dissonanzen der Tonika mit Tönen der Unterdominante ($e^{VII>}$, e^{IX} resp. in elliptischer Gestalt: f a c) zwischen die beginnende Tonika und die Molloberdominante, die Dissonanzen der Oberdominante mit Tönen der Tonika nach jenen noch immer vor die Oberdominante ($h^{VII>}$, auch als c e g); statt der den Schluss machenden Unterdominante ^0a ist die Vertretung durch f a c möglich (a^{VI}). Von der Entwickelung einer der im § 3 entwickelten kompleten Durkadenz analogen kompleten Mollkadenz sehen wir ab, da uns selbst elliptische Gestalten der reinen Mollkadenz ungeläufig sind. Auch will das Tonalitätsgefühl gegenüber einer Folge mehrerer Durakkorde in der Mollkadenz schlecht Stand halten:

Natürlich muss die Frage offen gelassen werden, wie weit das schlechtere Verstehen der reinen Mollkadenzen Sache der Gewohnheit ist. Elliptische Formen der reinen Mollkadenz, die aber die vier Hauptmomente noch erkennen lassen, sind:

Wird dagegen die Duroberdominante (der Seitenwechselklang der Tonika) zum letzten Schluss benutzt (nach dem Muster der Durkadenz), so entbehrt die Mollkadenz des herben Elements des Gegenquintklanges, da die Unterdominante der Molltonika der dieser nächstverwandte Mollakkord ist (der schlichte Quintklang derselben). Allein die Mollharmonie pflegt nicht so ganz auf den Gegenquintklang und seine dissonanten Vertretungen zu verzichten, führt denselben vielmehr gern an der ihm logisch zukommenden Stelle (vor der Unterdominante) ein, schliesst aber nicht von der Unterdominante zur Tonika, sondern schiebt zwischen beide noch die Dur-Oberdominante:

Nur für eine Harmonie der Tonart ist die Stellung in
dieser Kadenz zweifelhaft resp. doppelt möglich, nämlich für
f a c, dessen Bedeutung in A-moll durchaus analog der von
e g h in C-dur ist. Es kann wie dieses den Schluss zur Tonika
machen, in welchem Falle es als Sextakkord des schlichten
Quintklanges verstanden wird (a$_{\overset{VI}{V}}$ — ^{0}e wie g$_5^6$ — c$^+$); meist
aber wirkt es als Tonika mit grosser Septime und gehört dann
in den Anfang der Kadenz (^{0}e — $e^{VII>}$ wie c$^+$ — $e^{7<}$). Wir
lassen eine Anzahl Kadenzen dieser Art folgen:

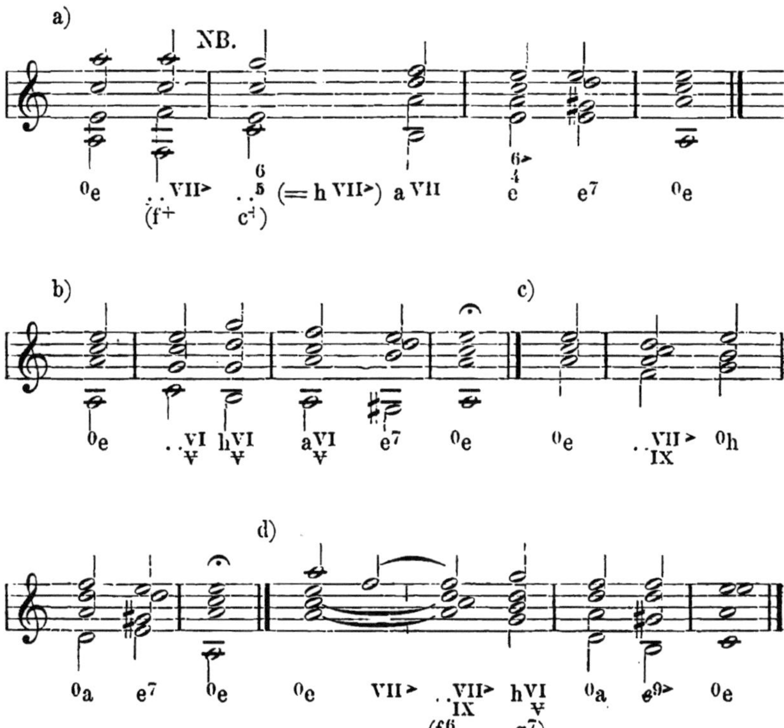

Wir wollen nicht unterlassen, an dieser Stelle zwei melodische
Umgestaltungen der Unterdominante zu berücksichtigen, durch
welche scheinbar in die Molltonart zwei neue Durharmonien
eingeführt werden. Die eine ist die Erhöhung der Terz des
Unterdominantakkords als melodische Untersekunde der Terz
der Duroberdominante:

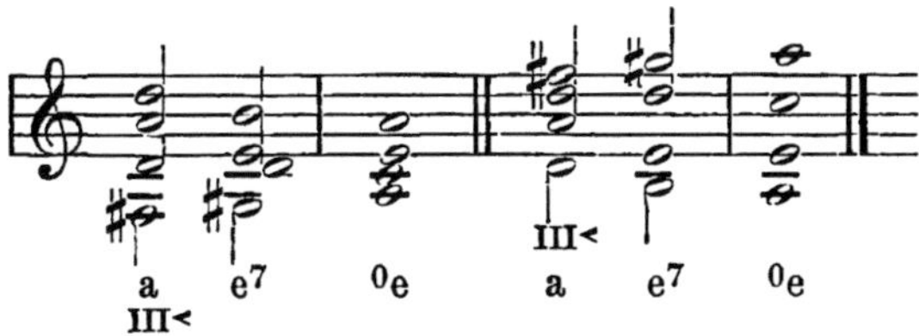

Da diese Harmoniefolge zuerst in der dorischen Kirchen-
tonart vorkam (sobald diese das Subsemitonium einführte), so
kann man den für sie charakteristischen Ton (h in D-moll, fis
in A-moll) die dorische Sexte (Sexte der dorischen Tonart)
nennen. Wir schliessen dieser Folge gleich eine andere an,
welche gleichfalls historisch auf die dorische Sexte zurückzuführen ist, nämlich die Folge: Tonika mit kleiner Unterseptime
(als Untersekunde vorm Leitton) — Oberdominante:

Wir bezeichnen diese nur aus melodischen Rücksichten für
die Tonika mögliche kleine (natürliche) Unterseptime mit dem
Auflösungszeichen (♮), weil sie an Stelle der erniedrigten Unterseptime (VII>) eingeführt ist und die einzige Ausnahme von

der später aufzustellenden Regel bildet, dass die natürliche Unterseptime dem Mollakkord Unterdominantbedeutung giebt.

Die zweite der zu besprechenden Umgestaltungen der Unterdominante ist die unter dem Namen der neapolitanischen Sexte bekannte, betrifft aber nicht die Sexte der Molltonleiter, sondern die Sexte über dem Unterdominantgrundton (Sexte im Sinne der Generalbassbezifferung, nach unserer Bezifferung also Unterseptime), welche zuerst von den älteren neapolitanischen Opernkomponisten zur Erzielung eines leidenschaftlichen Accents um einen Halbton erniedrigt wurde. Wir müssen diesen Ton bezeichnen als Vorhalt der kleinen Obersekunde vor der Mollprim, also in A-moll = ⁰a̋. Der Akkord wird regulär als Unterdominante behandelt, erhält zum Basston den regelmässigen Grundton der Unterdominante (d) und schreitet weiter fort zur Oberdominante oder zu deren Quartsextakkord. Im ersteren Falle weist die Melodie regelmässig einen verminderten Terzschritt auf, da der Vorhalt gewöhlich unaufgelöst bleibt (ähnlich dem g_5^6 — c^+):

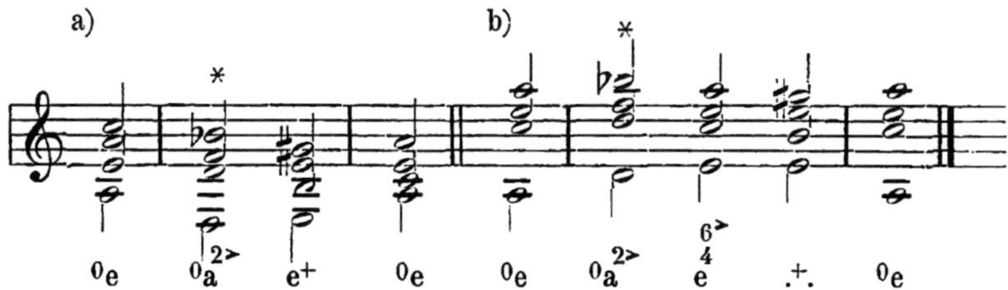

Ziehen wir diese Vielgestaltigkeit der Mollharmonik in Betracht, so ergiebt sich für Sequenzen in der Molltonart in vielen Fällen die Möglichkeit der Wahl verschiedener Wege. Vor allem wird die Sequenz steigend sich öfters den Eigenthümlichkeiten der steigenden melodischen Molltonleiter anschliessen, d. h. die Möglichkeit der Erhöhung der Terz der Unterdominante behufs Herstellung eines glatten melodischen Fortschritts zur Terz der Dur-Oberdominante benutzen; die fallende Sequenz wird sich nicht nur überwiegend an die Stufen der fallenden melodischen Molltonleiter halten, sondern dazu noch gelegentlich die erniedrigte zweite Stufe (neapolitanische Sexte, übermässige Unterquarte der reinen Mollscala) benutzen.

Wir setzen die wichtigsten Typen her:

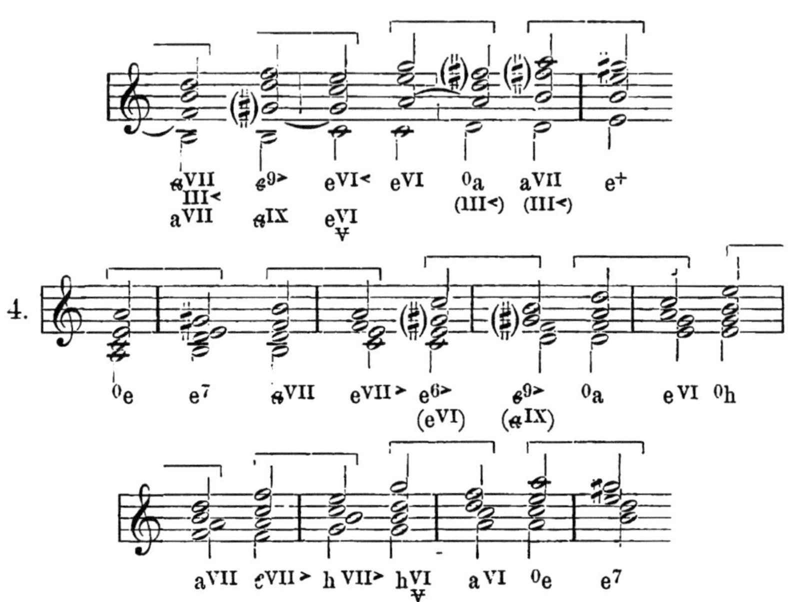

Beispiele:

I. S. Bach, 2-st. Invention VIII.

Derselbe, Invention 13.

Eine Vergleichung der Schemata der Mollsequenzen mit
denen der Dursequenzen erweist eine Identität beider, wenn
man von der Benutzung der Duroberdominante in Moll, der
erhöhten Terz der Unterdominante und der neapolitanischen
Sexte absieht. Die Komponisten lieben es, die Sequenz so zu
gestalten, dass sie ebensogut im Dursinne wie im Mollsinne
(wie sie den Paralleltonarten gemein ist) verstanden werden
kann. Es muss aber betont werden, dass eine unbestimmte
Auffassung überhaupt keine ist, und dass ein Umspringen während der Dauer der Sequenz ebenfalls
unzulässig ist, weil es der Bedeutung der Sequenz schnurstracks
zuwider läuft. Wo also vor der Sequenz die Durtonart herrscht,
nach der Sequenz aber die Molltonart, oder umgekehrt, muss
entweder gleich das Sequenzmotiv umgedeutet werden oder die
Umdeutung muss verschoben werden bis nach Wiederdurch-
bruch freier Gestaltung durch den Bann der Sequenz. Denn
der eigenartige Reiz der Sequenz besteht eben darin, dass sie
durch melodische Nachahmung unter rhythmisch analogen Ver-
hältnissen uns Harmoniefolgen als nothwendige giebt, welche
ausserhalb dieser besonderen Verhältnisse als willkürliche erscheinen müssten. Ein guter Teil dieser Nothwendigkeit geht
aber verloren, wenn man Harmoniefolgen, die sich im Verlauf
der Sequenz ergeben, nicht unter zäher Festhaltung der Tonalität
sondern in einem Sinne auffasst, den sie aussserhalb der Sequenz
haben würden.

Sequenzen durch die ganze Scala kommen äusserst selten
vor, sind auch als gar zu mechanisch entschieden zu missbilligen;
zudem kann, da erst das achte Motiv mit dem ersten wieder

identisch ist, nicht daran gedacht werden, für die völlig gleiche Motiv-Form wieder gleiche rhythmische Verhältnisse zu gewinnen. Ein Blick auf die Schemata erweist aber eine ungefähre Uebereinstimmung des Sinnes der in Abständen von zwei Motiven einander folgenden Harmonien; es ist daher das Gewöhnliche, dass mit der zweiten Nachahmung des Motivs die Sequenz wieder ins freie Bilden überlenkt.

Sequenzartiges Bilden pflegt beim Themenaufbau nach den ersten zwei bis drei Symmetrien zur ungezwungenen Gewinnung grösserer Linien Platz zu greifen. Die folgenden Aufgaben, bei denen die Sequenzen durch besondere Beischrift ausdrücklich gefordert sind, werden das innerlich Gesetzmäfsige solcher Art des Aufbaues hinreichend darthun. Ich will nur noch bemerken, dass die in denselben vorkommenden Akkorde mit übermäfsiger und verminderter Quinte hinsichtlich ihrer tonal-logischen Bedeutung sich nicht von denen mit reiner Quinte unterscheiden, dass also z. B. in C-dur $\overset{5<}{g^7}$ und g^7 mit $\underset{5>}{g^7}$, $\overset{V<}{g^7}$, desgleichen in A-moll a^{VII} mit a^{VII} und e^7 mit $\underset{5>}{e^7}$ identisch sind; auch die Tonika kann die übermässige Quinte annehmen und gehört dann in der Kadenz vor den Gegenquintklang (c^+ — $c^{5<}$ — f^+ etc.; ^0e — e — ^0h etc.); die Unterdominante in C-dur mit übermässiger Quinte erscheint vor dem Unterdominantsextakkord ($\overset{V>}{f^{5<}}$ — f^6_5) oder vor der Oberdominante.

Auch die folgenden Aufgaben sind wie die vorhergehenden frei zu bearbeiten; in wieweit die Freiheit bei den Sequenzen aufhört, ist aus den Beispielen und den gegebenen Erklärungen hinreichend klar geworden.

Aufgaben.

14. Adagio.
as· es⁷ | as⁺ ‖ .. | es⁺ as⁺ | es ‖ es | as⁺ es⁷ as⁺ |
des⁺ as⁺ | es⁷ as⁺ | es⁺ ‖ as⁺ es⁷ | as⁺ ‖ ..8< | es⁺ as⁺ | es⁺ ‖ .. | as⊦ ..7< |
Sequenz
des⁺ es⁹ ⁰g | as⁶ ⁰f es⁷ | as⁺ des7< ..6 | es ..7 | as ‖ des⁶ es | as⁺ ‖

15. Andante.
a⁺ | e⁷ .. | a⁺ ‖ a⁺ | e⁷ a⁺ | e⁺ ‖ ..7 |
Sequenz
a⁺ d⁺ ⁰fis | e⁷ ⁰gis a⁺ | d⁺ ⁰fis e⁺ | ⁰gis ⁰cis ‖ .. | d⁺ ⁰fis d⁵ |
e⁷ a⁺ d⁶ | e e⁷ | a⁺ ‖

16. Moderato.
| ⁰d d⁺ ⁰d | ⁰g ⁰d ‖ .. | d⁷ ⁰d a⁷ | d⁺ ⁰d d⁺ ‖ .. |
⁰d .. d⁺ | ⁰d .. d⁺ ⁰d | ⁰g .. | ‖ g VII | d⁺ ⁰d ⁰g f⁺· |
Sequenz
b⁺ es⁺ g VII d⁺ | ⁰d ⁰g d ..7 | ⁰d ‖ g VII | d... d⁷ .. | ⁰d ‖

17. Mosso assai.
| ⁰gis .. | gis⁷ ⁰gis ‖ .. | gis⁷ ⁰gis |
Sequenz
gis⁺ ‖ ..7 ⁰gis | ⁺gis eis VII | a⁺ e⁺ | h⁺ ⁰cis | gis⁺ ‖ ⁰gis | ⁰cis h⁺ |
Sequenz
e⁺ a⁺ | eis VII gis⁺ | ⁰gis ‖ ⁰cis2> | gis⁺ .. | ⁰gis ⁰cis | gis ..⁺ | ⁰gis ‖

18. Allegretto.
⁰dis gis VII | ⁰dis ⁰gis | ⁰dis ‖ ⁰gis VII | ⁰dis ⁰ais |
gis V ‖ ⁰dis | ⁰gis ..VII | dis⁺ ‖ ..7 | ⁰dis ..VII> | gis⁷ fis⁷ | h⁺ dis VI |
⁰gis ..VII | dis gis VI | ..VII dis⁺ | ⁰dis ⁰gis | ⁰dis. ‖

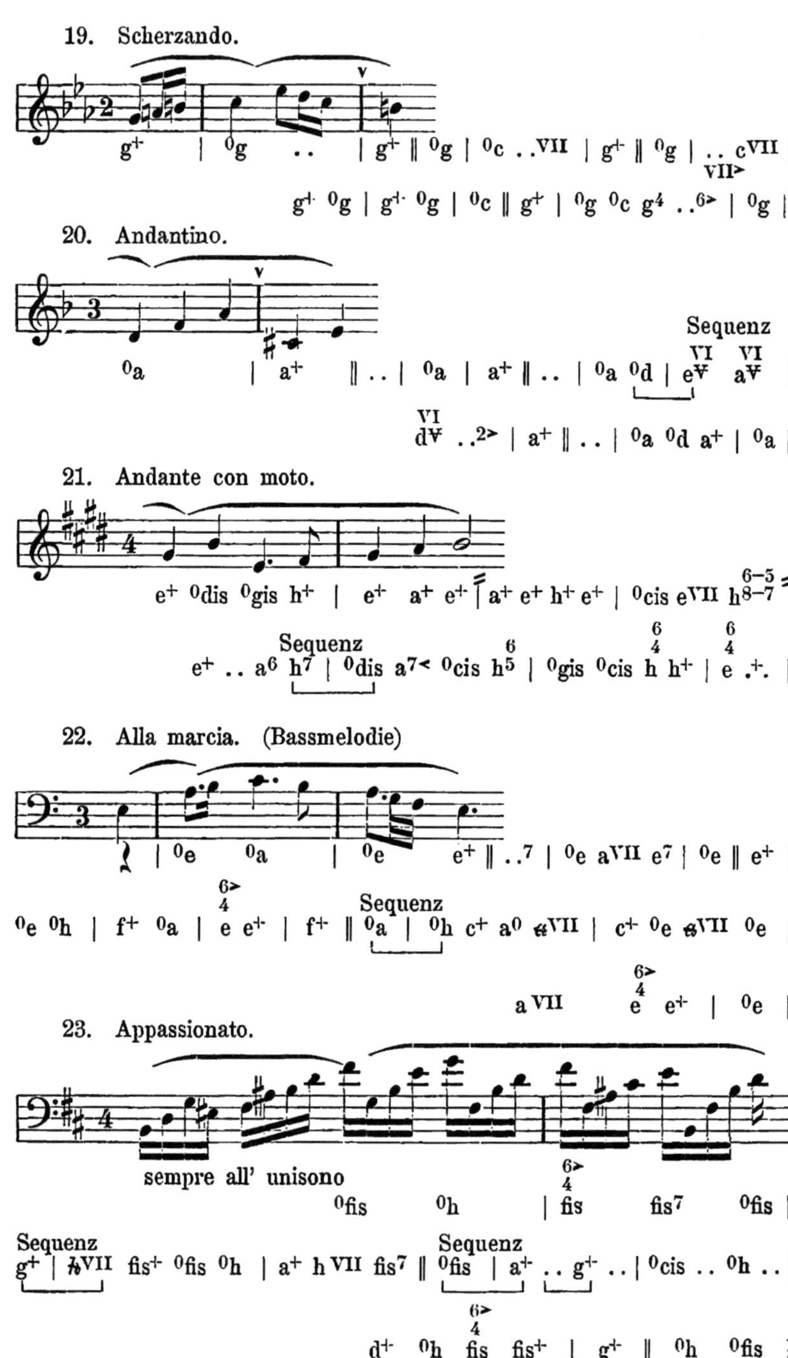

19. Scherzando.
g+ | 0g .. | g+ ‖ 0g | 0c ..VII | g+ ‖ 0g | .. cVII |
VII>
g⌐· 0g | g⌐· 0g | 0c ‖ g+ | 0g 0c g4 ..6> | 0g ‖
20. Andantino.
Sequenz
VI VI
0a | a+ ‖ .. | 0a | a+ ‖ .. | 0a 0d | eⱴ aⱴ |
VI
dⱴ ..2> | a+ ‖ .. | 0a 0d a+ | 0a ‖
21. Andante con moto.
6-5=
e+ 0dis 0gis h+ | e+ a+ e+ ⌐a+ e+ h+ e+ | 0cis eVII h8-7
6   6
4   4
Sequenz
e+ .. a6 h7 | 0dis a7< 0cis h5 | 0gis 0cis h h+ | e .+. ‖
22. Alla marcia. (Bassmelodie)
| 0e 0a | 0e e+ ‖ ..7 | 0e aVII e7 | 0e ‖ e+ |
6>
4
Sequenz
0e 0h | f+ 0a | e e+ | f+ ‖ 0a | 0h c+ a0 eVII | c+ 0e eVII 0e |
6>
4
aVII   e e+ | 0e ‖
23. Appassionato.
sempre all' unisono
6>
4
0fis   0h | fis   fis7   0fis ‖
Sequenz   Sequenz
g+ | hVII fis+ 0fis 0h | a+ hVII fis7 ‖ 0fis | a+ .. g+ .. | 0cis .. 0h .. |
6>
4
d+ 0h fis fis+ | g+ ‖ 0h 0fis ‖

II. Kapitel.

Erweiterungen der tonalen Kadenz durch Einschaltung nächstverwandter Zwischenharmonien. Orgelpunkt.

§ 6. Neue Leittöne.

Die ersten leiterfremden (d. h. in der schlichten diatonischen Scala weder der tonischen noch der Oberdominant- oder Unterdominantharmonie enthaltenen*)) Töne kamen in die Kadenz durch die Herstellung engerer melodischer Anschlüsse: durch Erhöhung der Terz der Unterdominante in Moll, um von ihr zur Terz der Oberdominante melodisch fortschreiten zu können (dorische Sexte); durch Halbtonvorhalt von oben vor der Prim der Moll-Unterdominante (neapolitanische Sexte), um zwei Halbtonschritte nach einander, resp. das intensiv melodische Intervall der verminderten Terz zu erhalten; durch Erhöhung der Quinten der drei Hauptklänge der Durtonart, um ein Leittonverhältniss zu einem Tone der folgenden Hauptharmonie zu gewinnen ($\overset{5<}{c}\ \overset{3}{f}$: $\overset{5<}{f}\ \overset{3}{g}$; $\overset{5<}{g}\ \overset{3}{c}$). Alle diese Veränderungen gefährdeten die Tonalität nicht, womit nicht gesagt werden soll, dass ihr häufiger Gebrauch besonders zu empfehlen wäre: das Gesundeste ist und bleibt natürlich die schlichte

*) Vgl. „Neue Schule der Melodik", 1. Kapitel.

Bewegung durch die leitereigene Diatonik. Das vergesse man nicht bei dem im Folgenden aufgewiesenen weiteren Verfolg des betretenen Weges, der durch Einführung einer Anzahl neuer engerer melodischen Beziehungen die Zahl der fremden Töne vermehrt, d. h. einen **Zuwachs an Chromatik** bedeutet. Die scharfe Charakteristik der einzelnen Kadenzmomente wird dabei ohne Frage etwas verwischt, der Satz wird zwar immer gedrungener (wo nicht gedrängter) aber auch weichlicher.

Fassen wir zunächst den **Uebergang von der Tonika zur Unterdominante** ins Auge, so lassen sich die beiden Hauptformen:

$$c^+ - \ ..^{7<} - f^+ \quad \text{und} \quad c^+ - \ ..^6 \ (= \ ^0e) - f^6 \ (= \ ^0a)$$

in einer Weise enger schliessen, die das Tonalitätsgefühl sogleich auf eine starke Probe stellt, nämlich durch Einführung der kleinen (♮) statt der grossen Septime im ersteren Falle und durch Erhöhung des Grundtons der Tonika in deren Sextakkord im zweiten Falle:

$$c^+ - \ ..^{7\natural}_{\natural} - f \quad \text{und} \quad c^+ - \ ..^{\overset{6}{1<}} \ (= \ a^7) - f^6 \ (= \ ^0a)$$

in Noten:

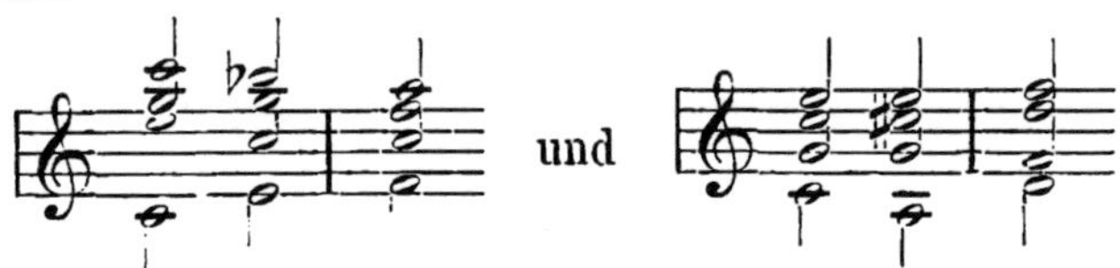

und

Die Schlusskraft der Dominantschritte $c^7 - f^+$ und $a^7 - \ ^0a$ ist gar nicht hinwegzuleugnen, und wir werden sehen, dass dieselbe nur der Beihülfe der rhythmischen Schlusswirkung bedarf, um für ganz analoge Harmoniefolgen wirklich voll zur Geltung zu kommen, d. h. uns aus der Anfangstonart hinwegzuführen. Beginnt aber ein Sätzchen mit einer der obigen Folgen, so verhütet das Fehlen einer rhythmischen Schlusskraft (Schwere) ein so verfrühtes Aufgeben der Anfangstonalität; auch selbst noch auf die Schlusszeit nächsthöherer Ordnung wird diese Einführung des **Dominantschritts zur Unterdominante** (welche Bezeichnung auf beide Fälle passt) noch möglich sein ohne das Gefühl eines Aufgebens der Tonalität,

vorausgesetzt nur, dass die erste Symmetrie nicht zu akkord-
reich war und der bez. Dominantschritt nicht noch durch andere
leiterfremde Bildungen vorbereitet wird. Wir wissen aus § 2,
dass die Unterdominante in kleineren Bildungen sogar besonders
gern auf die schwerere Zeit eintritt, weil dadurch ihre eigenartige Bedeutung in der Kadenz recht hervorgehoben und zugleich die Nothwendigkeit weiteren Aufbaues gegeben wird,
erst im 8. und 16. Takt erschien ihr Auftreten Schluss suspen-
dierend und eine Störung der Symmetrie veranlassend. Chopin
bringt in der Es-dur-Nokturne die a^7 — ^0a entsprechende Wendung
auf den vierten Takt, ohne damit etwas anderes zu bewirken
als eine nachdrückliche Aufstellung der Unterdominante; die
Herbheit der Unterdominante ist freilich durch diese Vermittelung wesentlich gemildert:

(Im Original $\frac{12}{8}$ Takt mit falscher Stellung der Taktstriche.)

Das gewöhnliche wird aber doch sein, dass derartige Folgen
an einer Stelle erscheinen, welche eine eigentliche Schlusskraft nicht haben, wodurch das Festhalten der Tonalität erleichtert wird, z. B. im zweiten von vier Takten, welche auf
2 $\times$ 2 zuerst aufgestellte antworten, wie bei Beethoven
(Violinsonate D-dur):

Wir kennen bereits den Terzwechselklang der Tonika
(^{0}e in C-dur) als leitereigene Zwischenharmonie zwischen Tonika
und Unterdominante; er ist es ja, an dessen Stelle die eine
der beiden aufgewiesenen chromatischen Zwischenharmonien
($a^7 — {}^0a = e^{1<} — f^5$) tritt. Anstatt nun diesen Akkord
chromatisch zu verändern, kann man vielmehr eine neue
Zwischenharmonie einführen, die ihm in ähnlicher Weise grösseres
Gewicht verleiht, wie es in den vorbetrachteten Fällen der
Unterdominantakkord erhielt; es ist dieser Zwischenakkord
wiederum kein anderer als die Dominante des Terzwechselklangs, der schlichte Terzklang der Tonika; ihr tonaler Sinn ist:

Tonika mit grosser Septime und erhöhter Quinte ist ($e^{5<}$):

$$c^+ — e^{5<} — c^5 = c^+ — e^+ — {}^0e$$

Beim Uebergange von der Unterdominante zur
Oberdominante (resp. deren Quartsextakkord) erscheint eine
neue Zwischenharmonie, die durch chromatische Erhöhung des
Grundtons der Unterdominante entsteht ($f^{1<}$), aber ohne alle

Schwierigkeit auch gemäss der dadurch entstehenden neuen Ton-Kombination als zweite Oberdominante d. h. Dominante der Dominante verstanden werden kann (d^7); die letztere Auffassung muss Platz greifen, wo die Komponisten diese Zwischenharmonie in der Gestalt eines kleinen Terznonenakkordes (verminderten Septimenakkords der alten Terminologie) einführen, z. B. in C-dur als fis . a . c . es = $d^{9>}$. Selten ist für letztere Bildung die Schreibweise mit dis statt es, welche die Festhaltung der Unterdominantbedeutung heischt mit Beifügung der übermässigen statt der schlichten Sexte ($f^{1<}_{6<}$). Das auf das oben angeführte viertaktige Sätzchen aus Chopins op. 9. II antwortende viertaktige Sätzchen bringt in einer Kadenz die Dominante des Terzwechselklangs der Tonika (bei *) und die zweite Oberdominante (bei †), ohne auch nur den leisesten Schein einer Modulation zu erwecken:

Weitere chromatische Würzen dieser Verbindungen ergeben sich durch Einführung der kleinen None oder verminderten resp. übermässigen Quinte in die eingeschobenen Dominanten, welche sämmtlich nichts anderes bedeuten als neue engste melodische Anschlüsse (Leittöne) zur folgenden Harmonie, z. B. c^+ — $d^{9>}$ — ^0a; c^+ — $c^{5<}_{7}$ — f^+; c^+ — $d^{9>}$ — ^0e; f^6 — $d^{5>}_{7}{}^{6}_{4}$ — g, in Noten:

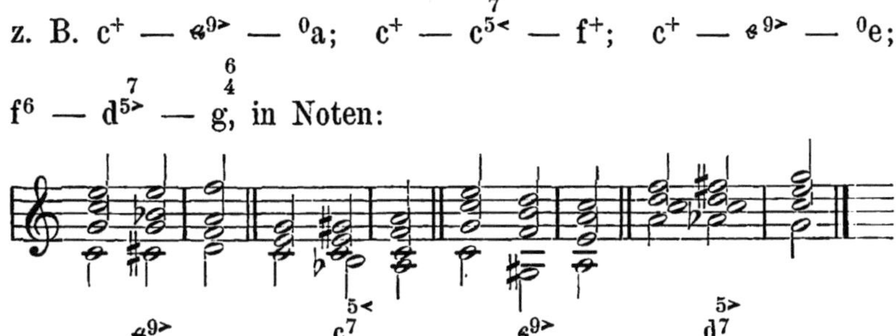

Für die Molltonart sind analoge Bildungen in noch grösserer Zahl möglich. Beim Uebergang von der Tonika zur Unterdominante ist die Einführung der Harmonien, welche zu dieser

Dominantschritte machen, stets doppelt möglich, nämlich im reinen Mollsinne (mit dem Unterseptimenakkord ihrer Unterdominante [ihres schlichten Quintklangs]) oder im halben Dursinne (mit dem Oberseptimenakkord ihrer Oberdominante [ihres Seitenwechselklangs]), nämlich für A-moll (^{0}e):

$$^0e \; — \; d^{\,\text{VII}} \; — \; {}^0a \quad \text{oder} \quad {}^0e \; — \; a^7 \; — \; {}^0a.$$

Beide Arten fallen zusammen in der Form, welche den stets doppeldeutigen Terznonenakkord statt des Septimenakkordes bringt:

Ob cis . e . g . b als $^{a9>}$ oder als $^{d\text{IX}<}$ verstanden wird, ist in den meisten Fällen gleichgültig und vom Belieben, resp. der Gewöhnung des Hörers abhängig. Nur in den Fällen, wo der Bass den Schritt g — d macht, ist die Auffassung im Mollsinne obligatorisch, da das Abspringen von der Durseptime hässlich, das Fortschreiten von Mollgrundton zu Mollgrundton dagegen absolut normal ist:

Wird, statt zur Unterdominante zu deren Terzwechselklange ($^{VI}_{\text{v}}$) übergegangen, so ist nur der Weg über deren Duroberdominante möglich (und selbst dieser unterliegt zufolge der bekannten Bevorzugung der Auffassung im Dursinne leicht der Umdeutung, d. h. macht die Tonalität schwankend); die Einführung der übermässigen Quinte macht die Folge leichter verständlich:

Durchaus leichtverständlich ist die Einschaltung der Dur-oberdominante des Terzwechselklangs der Tonika im Uebergange zu diesem:

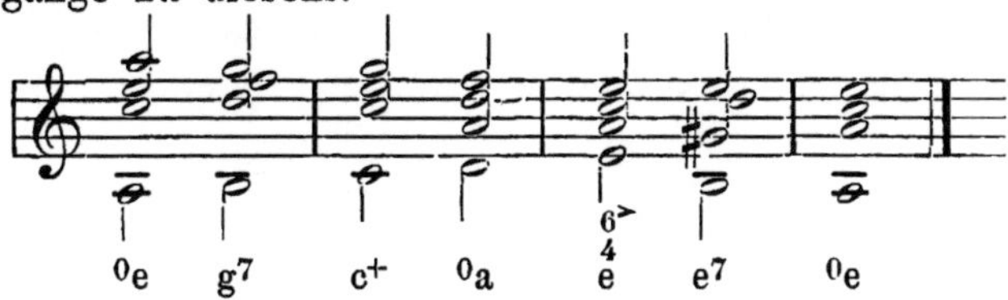

Zur Molloberdominante kann fortgeschritten werden durch deren Duroberdominant- oder Mollunterdominant-Septimenakkord, resp. den doppeldeutigen Terznonenakkord:

Vor der Duroberdominante resp. dem sie vorbereitenden Quartsextakkord wird oft wie in Dur der Unterdominantseptimenakkord einfach oder auch doppelt chromatisch verändert; die Erhöhung der Unterdominantterz kennen wir aus dem vorigen Kapitel als dorische Sexte, wird dazu auch noch der Grundton erhöht (d in aVII), so wird die Harmonie zur zweiten Oberdominante umgedeutet; dieselbe Auffassung findet statt, wenn nur der Grundton erhöht wird, die Terz aber unverändert bleibt (sodass die Notierung ein Auflösungszeichen für f erfordert):

Natürlich ist an derselben Stelle auch der Terznonenakkord der zweiten Oberdominante möglich:

Wir haben der Kürze halber gleich die alterierten Akkorde statt der ursprünglichen in die Kadenz eingeschoben. Gewöhnlich gehen sie aber erst aus den letzteren hervor, z. B.:

Selbst der Akkord der neapolitanischen Sexte (= $^0a^{2>}$ in A-moll) kann als wirkliche Harmonie $\left(\begin{smallmatrix}b\\3\end{smallmatrix}\right)$ behandelt, d. h. durch seine Oberdominante vorbereitet werden:

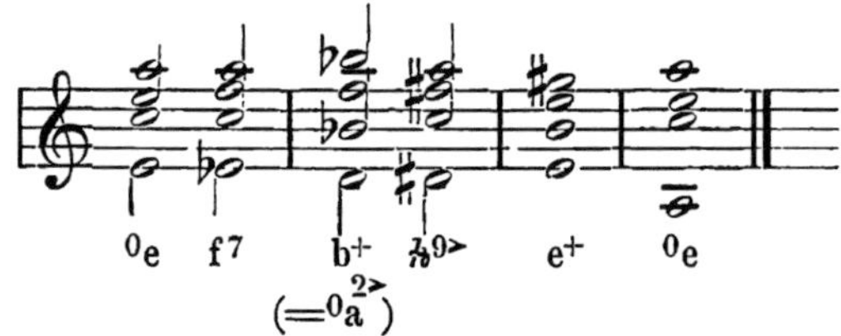

Das Princip, welches wir für die schlichte Kadenz der drei Hauptharmonien der reinen Tongeschlechter streng ablehnen mussten, nämlich das der Untergliederung durch Annahme harmonischer Schlusswirkungen (Dominantschritte) zu anderen Harmonien als der tonischen, ist hier freilich im reichlichsten Masse zur Geltung gebracht. Nicht als ob damit unser ursprünglicher Standpunkt verlassen wäre; im Gegentheil: die im gegenwärtigen Kapitel und theilweise schon im vorigen nachgewiesenen Erweiterungen der schlichten Kadenz der Hauptharmonien sind nur richtig zu verstehen und zu beurtheilen, wenn man das Wesen der vier Grundpfeiler — Tonika — Unterdominante — Oberdominante — Tonika (resp. für das reine Moll: Tonika — Molloberdominante — Unterdominante

– Tonika) richtig erkannt und als unerlässlichen Wegweiser durch die Labyrinthe komplizierterer Bildungen in sich aufgenommen hat. Trotz aller Verselbständigung der einzelnen Phasen der Kadenz durch Einführung von Zwischenharmonien, welche zu denselben schlussartige Ueberleitungen machen, muss doch die Auffassung dieser der Hauptkadenz angehörigen Momente dieselbe bleiben. Sie muss das selbst, wenn wir im Folgenden immer weiter gehen bis zur wirklichen Modulation, ja bis zur Gegenüberstellung abgeschlossener Sätze in verschiedenen Tonarten eines cyklischen Werkes.

Immer wieder müssen wir aber darauf hinweisen, dass die Wahrung der Tonalität (wie weiterhin die Vertauschung derselben in der beabsichtigten Modulation) nur zum Theil von der Harmonik, vielmehr jederzeit mit von der rhythmischen Ordnung abhängt. Wenn Schluss harmonisch so viel ist wie Rückkehr zur Tonika, rhythmisch aber die Stärke der Schlusswirkung wächst mit der Grösse der durch einen schweren Zeitwerth abgeschlossenen Symmetrie, so ist schon jetzt die Definition möglich, dass eine beabsichtigte Modulation die grossen Schlusswerthe aufzusuchen, eine freie Ausgestaltung der tonalen Kadenz mit nicht leitereigenen Zwischenharmonien aber dieselben zu meiden hat.

Wir geben zunächst noch ein paar Beispiele von Kadenzen in Moll, welche die Dominanten der tonalen Harmonien benutzen, und sodann eine Anzahl Aufgaben zu freier Ausarbeitung in der früheren Weise.

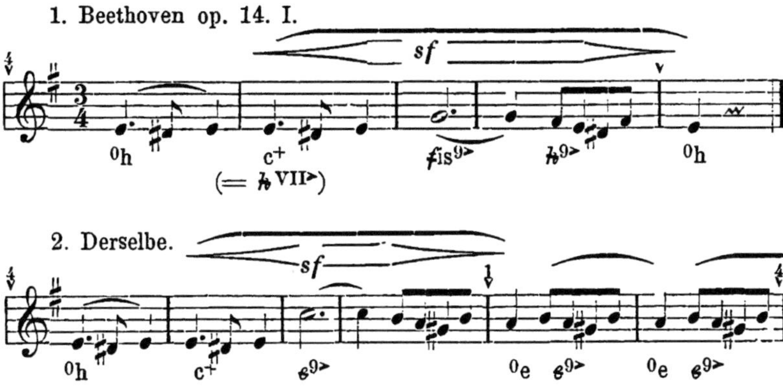

3. Beethoven op. 27. II.

Aufgaben.

Motiv:

25. Andante.

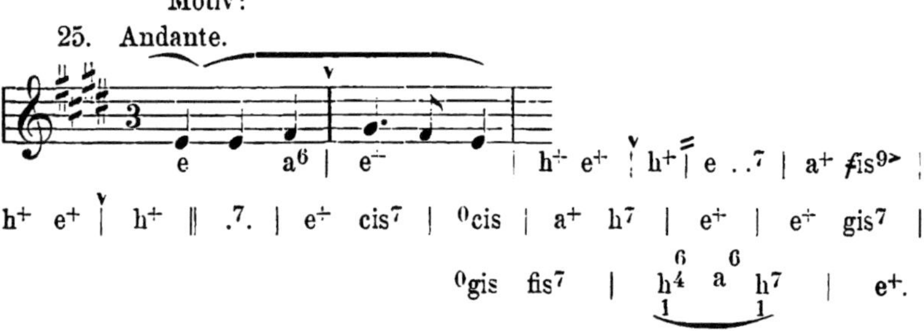

26. Adagio.

27. Andante.

28. Poco Allegretto.

^{0}d   g^{VI} V$^{<}$ III$^{<}$ | ^{0}d   d^{7} ^{0}d |

Sequenz

g^{VII} .. a^{7} | d .. ‖ ..^{7} | ^{0}d .. g^{7} | ^{0}g ..VI f^{+} | b^{+} ..$^{7<}$ es^{+} |

g^{VII} g^{VII} d^{+} | ^{0}d ^{0}g $\overset{6>}{\underset{4}{d}}$ d^{+} | es^{+} g^{VII} a$^{9>}$ d^{7} | ^{0}d ^{0}g ^{0}d.

29. Tempo di Menuetto.

h^{+} | ^{0}dis ^{0}gis   fis^{7} | h^{+} ‖ dis^{7} | ^{0}dis gis^{7} ^{0}gis cis^{7} |

fis^{+} ‖ ..^{7} | h^{+} h^{7} | e^{6} cis^{7} | $\overset{6}{\underset{4}{fis}}$ dis$^{9>}$ | ^{0}dis ‖ gis^{+} | ^{0}gis fis$^{9>}$ h^{+} |

dis$^{9>}$ ^{0}dis cis^{7} | $\overset{6}{\underset{4}{fis}}$.$^{+}$. | h^{+}.

30. Sostenuto.

^{0}a | e^{7} a^{7} | ^{0}a ‖ b^{+} | ^{0}d2$^{>}$ e$^{9>}$ a^{7} | b^{+} ‖ d^{7} | ^{0}d ^{0}a |

$\overset{7}{e}$5$^{>}$ a^{+} ^{0}a | d^{VII} e$^{9>}$ | a^{+} ‖ ^{0}a | g^{VII} ^{0}d f^{+} | b^{+} g^{+} a^{+} | ^{0}a ^{0}d e^{7} |

a^{+} ‖ a^{7} | ^{0}a d^{7} | ^{0}d ^{0}h | a .$\overset{6>}{4}$. .7. | ^{0}a.

31. Allegretto.

^{0}fis   fis^{+} ..^{7} | ^{0}fis .. h^{VII} fis^{7} | ^{0}fis ‖   cis^{7} fis^{7} |

^{0}fis g^{+} h^{VII} cis^{7} | fis^{+} ‖ .. fis^{7} .. | ^{0}fis h^{7} .... | ^{0}h ‖ .. cis$^{9>}$ .. |

$\overset{6>}{\underset{4}{fis}}$ c^{+} $\overset{6>}{\underset{4}{fis}}$ $\underset{7}{..}$ | g^{+} ‖ d^{7} g^{+} cis5$^{>}$ | $\overset{6>}{\underset{4}{fis}}$ $\overset{}{\underset{4}{^{0}h}}$ $\overset{}{\underset{3}{fis^{7}}}$ .. | ^{0}fis.

§ 7. Orgelpunkt.

Das Festhalten der Tonalität durch Harmoniefolgen der eben entwickelten Art findet einen eigenartig prägnanten Ausdruck, sozusagen eine *demonstratio ad aures et oculos*, n dem sogenannten Orgelpunkt, dem Fortklingen eines der Töne des tonischen Akkordes durch die ganze noch so bunt ausgestattete Kadenz bis zum Schluss resp. durch eine ganze Reihe von Kadenzen hindurch. Wenn wir das Wesen der

Tonalität dahin definieren mussten, dass die Tonika uns während
der Kadenz in der Erinnerung bleibt und daher alle Akkorde
der Kadenz mit Ausnahme der beginnenden und schliessenden
Tonika im strengsten Sinne dissonant erscheinen, weil sie stets
mit der in der Erinnerung festgehaltenen Tonika zugleich
vorgestellt werden (wodurch sie eben ihren tonalen Sinn erhalten), so kann es kaum wunderlich erscheinen, dass die
Tonika während der Kadenz auch selbst wirklich durch reelle
Klänge vertreten bleiben kann. Eine nicht hinwegzuleugnende
Häufung von unangenehmen Schwebungen, eine gewisse starre
Massivität und Dickheit der Klangwirkung verbietet indes doch
einen allzuhäufigen Gebrauch dieser Bildungen; zum mindesten
separiert man gern den Ton, welcher die Tonika dauernd vertritt von den fortschreitenden Stimmen durch Isolierung, sei es
in besonders tiefer oder (seltener) besonders hoher Tonlage.
Zwei uralte Musikinstrumente, die Sackpfeife (Dudelsack) und
Drehleier (Musette) sind der historische Beweis, dass der Orgelpunkt eine leichtverständliche Bildung ist. Denn auf ihnen tönte
entweder nur der Grundton oder aber das Quintintervall (1 und
5 resp. V und I) des tonischen Dreiklangs von Anfang bis zu
Ende zu der vorgetragenen Melodie mit. Der moderne Orgelpunkt
unterscheidet sich von diesem primitiven nur dadurch, dass er
über den ausgehaltenen Grundton die Melodie nicht ein-
stimmig, sondern mehrstimmig, d. h. mit ausgeprägter Harmonie
bringt. Der doppelte Orgelpunkt ist dadurch allerdings
selten geworden.

Die gewöhnliche Stelle des Orgelpunkts auf dem Grundton der Tonika ist heute zu Ende oder (seltener) zu Anfang
grosser Tonstücke, d. h. entweder nachdem das vielgestaltige
Leben im Stillstehen des Basses seinen Abschluss gefunden
hat, während die oberen Stimmen noch nicht völlig zur Ruhe
kommen können und sich gleichsam in den Fesseln des
Basses noch eine Weile winden; oder vor Beginn der
thematischen Gestaltung, gleichsam herausstrebend aus dem
Urgrunde alles Seins. Seltener findet sich der Orgelpunkt in
Durchführungssätzen und dann regulär nicht über dem Grundton der Tonika, sondern über der Dominante, einen letzten

riesigen Knoten, eine gewaltsame Hemmung bildend, aus welcher sich die Themen in ihrer ursprünglichen Fassung wieder herauslösen.

Ist der Orgelpunkt auf der Tonika die Manifestierung des Wesens der Tonalität, so ist der auf der Dominante begreiflicherweise nichts anderes, nichts heterogenes, sondern nur etwas specialisiertes, nämlich der prägnante Ausdruck der einheitlichen Bedeutung eines erweiterten Kadenzmomentes. Der Orgelpunkt auf der Dominante hat seinen Keim im Quartsextakkord, jenem eigenthümlichen Gebilde, das den Theoretikern soviel Kopfzerbrechen gemacht hat, ehe man seine Vorhaltsbedeutung erkannte. Im Quartsextakkord über dem Dominantgrundton erscheint die Tonika sozusagen vorausgezeichnet, nicht als sie selbst, sondern als die Harmonie, welche ihrer Dominante selbstverständlich die besten melodischen Nebentöne liefert; der Quartsextakkord ist eine tief philosophische Erklärung des Gegensatzes zwischen musikalischer und physikalischer Konsonanz: die physikalische Konsonanz desselben steht ausser Zweifel, die musikalische aber ist doppelt verneint, da die Dominante selbst, wie wir sehen, nie absolut konsonant sein kann, hier aber noch selbst mit zwei Vorhaltstönen erscheint, die innerhalb der Harmonie der Dominante dissonieren, aber darum so wohlklingen, weil sie der Harmonie angehören, in deren Sinne die Dominante verstanden wird. Es ist wohl keine Frage, dass dieser komplizierte Sachverhalt bei der Auffassung des Quartsextakkordes zur Geltung kommt. Mit der Einführung dieser Vorhaltstöne ist der Anfang einer Verzierung der Dominantharmonie gemacht, die weiter ausgedehnt wird; der Schlusstriller auf der Terz oder Quinte der Dominante oder beiden zugleich ist das nächste Ergebniss, der Nachschlag führt die Terz der Unterdominante ein, deren Grundton schon als Septime der Oberdominante seinen wohlgesicherten Platz hat. Es ist also zunächst ein Festhalten der Spannung, welche die Oberdominante vorm Schluss (die Penultima) naturgemäss weckt, was der Orgelpunkt auf der Dominante bewirkt. Der Wechsel der Töne der Dominante mit denen der Tonika macht aber den harmonischen Sinn der letzteren klar, d. h

wir hören wirklich die Tonika im Banne ihrer Dominante, und
es ist nichts logischer als dass noch weiter gegangen, d. h. über
der Dominante von dieser gefesselten Tonika aus die ganze
Kadenz frisch aufgebaut wird, natürlich nur bis zur vorletzten
Station, der Oberdominante, da beim letzten Schritt, wenn er
schliessen soll, der Basston seine obstinate Rolle aufgeben muss.

Es ist überflüssig, darauf hinzuweisen, dass schliesslich
auch auf dem Grundtone der Unterdominante eine orgelpunkt-
artige Bildung möglich ist (Erweiterung des Kadenzmoments
der Unterdominante); doch ist nach dem, was wir über Sinn
und Wesen der Unterdominante wissen (S. 12) davon nicht allzuviel zu erwarten, die Orgelpunkte auf der Unterdominante
werden immer verhältnissmässig kurz sein, weil die Kadenz
noch nicht weit genug gediehen ist, um eine lange Aufhaltung
ohne Gefährdung der Tonalität zuzulassen, es sei denn, dass
man den Orgelpunkt auf leitereigene Bildungen beschränkt.
Noch weitere Möglichkeiten können unerörtert bleiben; gelingen
sie, so werden sie immer Ausnahmen bilden und können nicht
der typischen gelten (etwa ein Orgelpunkt auf d in C-dur).
Schuberts Genie hat z. B. aus dem Festhalten der Tonikaterz
(in einer Mittelstimme) durch eine Kadenz mit dem Akkord der
neapolitanischen Sexte einen packenden Effekt zu ziehen ge-
wusst (Schluss des Liedes „Ich unglücksel'ger Ateas").

Wir geben hier einige Beispiele von orgelpunktartigen
Bildungen über dem Grundton der Tonika und dem der Oberdominante in schlichtem Satz:

Orgelpunkt

A. über der Tonika:

B.   über der Dominante.

C. über der Unterdominante:

Wenngleich der Orgelpunkt für kleine Sätzchen, wie wir sie vorläufig ausarbeiten, wenig Sinn hat, so mussten wir ihn doch erwähnen und erklären, ehe wir zur Modulation übergehen, da sein Charakter eben ein rein tonaler ist. Damit aber die Erklärung nicht Buchstabe bleibt, mögen die folgenden Aufgaben zur praktischen Illustration derselben ausgearbeitet werden.

Aufgaben:

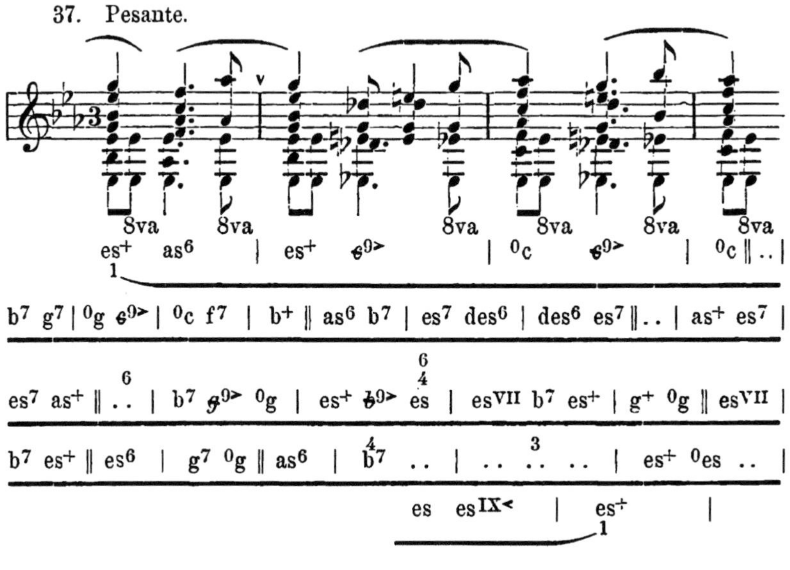

III. Kapitel.

Weitere Verselbständigung einzelner Kadenzmomente. Ausweichung. Wiederbelebung der alten Kirchentöne in modernem Musiksystem.

§ 8. Theilkadenzen.

Ausser dem Dominantschritt zur Tonika (in C-dur: $g^7 — c^+$) haben wir im vorigen Kapitel noch eine ganze Reihe analoger Bildungen als ohne Modulation, ohne Wechsel der Tonalität möglich kennen gelernt, nämlich zur Unterdominante, zur Oberdominante und zu den drei Terzwechselklängen der Hauptharmonien:

in C-dur: $c^7 — f$, $d^7 — g^+$;

$h^7 — {}^0h$, $e^7 — {}^0e$, $a^7 — {}^0a$.

in A-moll: $a^7 — {}^0a$, $h^7 — e^+$ $({}^0h)$;

$d^7 — g^+$, $c^7 — f^+$; $f^7 — b^+$ (neap. Sexte);

sowie die reinen Mollwendungen: $d^{VII} — {}^0a$, $e^{VII} — {}^0h$ (e^+).

Wie wir sahen, entstanden diese Harmoniefolgen zunächst auf dem Wege des chromatischen Durchgangs, durch Herstellung einer Anzahl neuer Leittonbeziehungen, also:

$c^7 - f^+$ statt $c^{7<} - f^+$ (Leittonschritt b — a); $d^7 - g^+$ statt $f^6 - g^+$ (fis — g); $h^7 - {}^0h$ statt $g7\,{}^{9\ 8}_{\ \,6}$ (dis — e); $e^7 - {}^0e$ statt $e^{9}_{7<} - c^6_5$ (gis — a); $a^7 - {}^0a$ statt $c^6 - f^6_3$ (cis — d); und

$a^7 - {}^0a$ statt $e^{VI} - {}^0a$ (cis — d); $h^7 - e^+$ statt $a^{VII} - e^+$ (dis — e):

$d^7 - g^+$ statt $a^{VI} - h^{VI}$ (fis — g); $c^7 - f^+$ statt $h^{VII>} - e^{VII>}$ (b — a); $f^7 - b^+$ statt $e^{VII>} - a^{VII}$ (es — d, a — b); $d^{VII} - {}^0a$ statt $h^{VI} - {}^0a$ (b — a) und $e^{VII} - {}^0h$ statt $e^{VII>} - {}^0h$ (fis — g).

Wie bereits im vorigen Kapitel angedeutet, machen sich diese Dominantschritte nicht sehr bemerklich, wenn der Komponist für dieselben rhythmisch schlusskräftige Stellen vermeidet und dafür sorgt, dass der Gang der Hauptkadenz in den Folgen kenntlich bleibt ($c^+\ e^7\ {}^0e\ a^7\ {}^0a\ d^7\ g^6_4\ g^7\ c^+$). Aber das muss ja nicht durchaus sein. Des Komponisten Künstlerwille kann im Gegentheil absichtlich die Tonalität ins Schwanken bringen, ja sie wirklich für längere Strecken aufgeben, wie wir in den folgenden Kapiteln des Näheren zu untersuchen haben werden. Nimmt er seine Wege so, dass einer oder der andere der gekennzeichneten Schritte auf einen rhythmisch stark schlusskräftigen Werth fällt, so wird allerdings in gewissem Grade die Tonart der Harmonie ausgeprägt erscheinen, zu welcher der Dominantschritt gemacht wird. Es ist das zwar noch keine wirkliche Modulation; das Tonalitätsgefühl wird, wenn die Dimensionen nicht allzugrosse werden, sich stark genug erweisen, den Klang, zu welchem geschlossen wird, nicht als Tonika zur Geltung kommen zu lassen, sondern ihn in dem Sinne zu verstehen, der ihm vermöge seiner Stellung in der tonalen Kadenz zukommt. Es ist erstaunlich, wie weit darin gegangen werden kann; eine Harmonie wie der Terzwechselklang der Unterdominante in Dur kann mit ihrer eigenen Ober- und Unterdominante

vollständige Kadenzen bilden, ohne dass man einen Moment
ihre Bedeutung als Unterdominantharmonie aus dem Bewusstsein verliert. Eine Bildung wie:

ist doch schliesslich harmonisch fürs Ohr nichts anderes als die
simple Kadenz $c^+ - f^6 - g^7 - c^+$, obgleich die D-moll-Tonart
mit allem Zubehör vertreten ist. Die Erklärung ist ja einfach
genug; wir verlangen oder erwarten nach dem, was wir aus den
früheren Paragraphen wissen, für die Unterdominante, wenn
sie voll zur Geltung kommen soll, ein Erscheinen an bedeut-
samer Stelle in einer der ersten Symmetrien; der dritte Takt
giebt sie oben sozusagen nur andeutungsweise, erst im vierten
wirkt sie voll, trotz ihrer Verkleidung — dass man wirklich
so hört, davon kann man sich leicht durch eine Variante wie

überzeugen. Wenn aber Takt 4 keine Modulation bewirkt hat,
so ist erst in der Nähe von Takt 8 wieder eine ernsthafte
Gefahr, d. h. gerade da, wo hier die Haupttonart wieder sonnen-
klar ausgeprägt ist, die kleine Kadenz Takt 5—6 ist also ganz
ungefährlich und hält durchaus die Bedeutung des ⁰a fest, die
wir bei Takt 4 verstanden haben (= f^6). Wir wollen obiges
Mazurkathema von solchen Gesichtspunkten aus fortführen, im
10. Takt nach A-moll, im 12. nach F-dur und im 14. nach
G-dur schliessen — es wird dasselbe Resultat sein, wenn nur
Takt 15—16 die gehörige Schlusswendung $g^7 - c^+$ bringt;

Beispiele aus der Litteratur sind leicht beizubringen; ein besonders schönes und überaus kühnes ist der Anfang der Waldsteinsonate mit den Kadenzen:

$$c^+ \mid .. - d^+ \mid g \; \overline{\overline{|}} \; b^+ \mid .. \; c^+ \mid f^+ \; \overline{\overline{|}} \; c^{VII} \mid g^7 \; c^{VII} \mid$$

$$g^7 \; c^{VII} \; g^7 \; c^{VII} \mid g^7 \quad \mid \; ^0g \mid g^+ \; \overline{\overline{|}}$$

Bei diesem Beispiel wirkt aber die Umkehrung der Aufeinanderfolge der Kadenzmomente (zuerst Oberdominant-Tonart und dann Unterdominant-Tonart) besonders frappant; die Wiederholung des Ausgangsgedankens in der tieferen (statt der gemeinüblichen höheren) Sekunde, die der Meister übrigens nachher bringt (aber modulierend) ist ein besonders wirkungsvoller Genieblitz. Man könnte darin eine Nachbildung der bekannten optischen Täuschung sehen, dass die Sonne, ehe sie sich definitiv über den Horizont erhebt, noch einmal zu sinken scheint, wie sie umgekehrt beim Niedergange scheinbar noch einmal sich emporhebt. Im Allgemeinen meidet übrigens Beethoven solche scharfe Untergliederungen auf Nebenharmonien, besonders in den Themen seiner seriösen Sätze, welche gewöhnlich die Tonalität mit den einfachsten Mitteln sehr scharf ausprägen, bis die Modulation zur Tonart des zweiten Themas beginnt. In den Scherzi macht Beethoven öfters die erste Kadenz in der Dominanttonart und erst die korrespondierende zweite in der Haupttonart, z. B.:

Op. 27. II.

ebenso Op. 26 u. m. Eine wunderschöne Melodie, die ihre Langathmigkeit zum Theil gewiss der künstlichen Ausreckung der Kadenz durch Ausprägung von Zwischenkadenzen der gekennzeichneten Art verdankt, ist Fr. Schuberts G-dur-Impromptu.

§ 9. Die Kirchentöne und der moderne Tonsatz.

In meiner „Neuen Schule der Melodik"*) (im ersten Kapitel) habe ich bereits ausführlicher dargelegt, in welcher Weise die Kirchentöne, auf denen bekanntlich das Musiksystem des Mittelalters basierte, auch für die moderne Musikpraxis fruchtbar gemacht werden könnten. Bekanntlich sind die vier authentischen Kirchentöne: 1) der dorische, ein D-moll mit h und c; 2) phrygische, ein E-moll mit f, c und d; 3) der lydische, ein F-dur mit h; und 4) der mixolydische, ein G-dur mit f, d. h. keine der Harmonien, welche nach dieser Darstellung und nach der Auffassung des 15.—17. Jahrhunderts die Hauptharmonie der Tonart ist, kann nach moderner Anschauung eigentlich eine Tonika vorstellen, sondern alle vier sind eigentlich Dominanten:

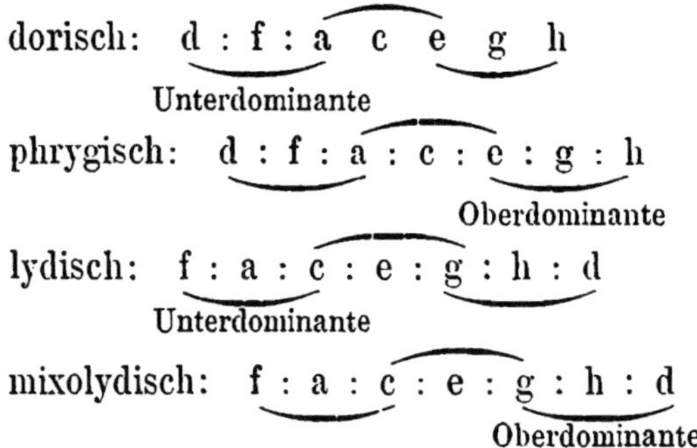

Nach unserer in den früheren Paragraphen gewonnenen Einsicht in das Wesen der Dominanten ist es sehr wohl begreiflich, wie jeder dieser „Tonarten" ein eigenartiger Charakter

---

*) Hamburg, bei J. F. Richter (1883).

innewohnen muss, wenn sie wirklich so gehandhabt wird, dass der als Tonika betrachtete Akkord besonders bevorzugt wird. Ich denke natürlich nicht daran, für die Wiederbelebung der Theorie des Tonsatzes, wie sie das 15.—17. Jahrhundert gezeitigt hatte und wie sie die neue Zeit hinweggefegt (Mattheson) plaidieren zu wollen. Es war das gar ein merkwürdig Zwitterding, ein Ringen nach Klarheit, ein vergebliches Suchen. Ein D-moll, das eigentlich eine Unterdominante von A-moll ist und in den Schlüssen in ein wirkliches modernes D-moll verwandelt wird: ein G-dur, das Oberdominante von C-dur ist, aber in den Schlüssen jedesmal zum wirklichen G-dur wird — wer wollte etwas Werthvolles darin sehen, wenn man diese vom Standpunkte einer vorgeschrittenen Erkenntniss aus unlogische Modulationsweise, die historisch sich vollkommen erklärt, aber eben durch die Zeit überwunden worden ist, wieder lebendig machen wollte? Anders steht es aber, wenn man daran denken will, die eigenartigen Wirkungen jener festgehaltenen Bedeutungen in der Weise wieder zur Geltung zu bringen, dass man doch die der modernen Musik unentbehrlichen logischen Abschlüsse dahin wendet, wohin sie gehören. Mit andern Worten: es sind eigenthümlich spannende Wirkungen dadurch zu erzielen, dass man Schlüsse auf der Tonika gelegentlich hinausschiebt und die Harmonie und Melodie so wendet, dass auf die schweren Zeiten, auf welche wir jetzt vorzugsweise die Tonika (der Haupttonart oder auch einer Nebentonart) zu bringen pflegen, die Dominanten in den Vordergrund stellt und zwar — um einer Melodie eine prägnante Physiognomie zu geben, die eine oder die andere, z. B.:

Die folgenden Aufgaben mögen zur Befestigung und
praktischen Aneignung des Gesagten dienen; es versteht sich
von selbst, dass dieselben, wie alle in diesem Buche gegebenen,
nur Anregungen sein sollen, d. h. der Lehrer wird dem
Schüler nicht nur gestatten, sondern von ihm erwarten, dass
er im gleichen Geist selbst weitere erfinde. Nur bitte ich im
Interesse systematischen Fortschreitens, dass die in den einzelnen Kapiteln gezogenen Grenzen innegehalten und wirkliche
Modulationen auch jetzt noch vermieden werden. Das intensive
Hineinleben in die Tonalität, das zähe Festhalten für längere
Strecken wird gute Dienste leisten für die Aneignung jener

langathmigen Schreibweise, die den neueren Komponisten mit wenigen Ausnahmen immer mehr abhanden kommt, um einem planlosen Schwanken der Tonalität, einem fortwährenden Modulieren und Kadenzieren Platz zu machen.

Aufgaben:

dVII | a+ d+ | a+ ‖ d+ | g | .. d+ | g+ | .. ‖ a7 |
(lydisch
g+ | | .. | .. ‖ dVII | a7 | d+ | g6 a7 | d+ 0fis | 0h h7 |
0h a+ | d+ g+ | d+.

41. Andante.
g+ d+ g7 | c+ | d+ | g+ ‖ h7 | 0h eVII |
6/4 + h .. | c+ gVII | d+ ‖ g+ e9> | 0e gVII d+ | 0fis aVII e7 | a7 d7 |
g+ h7 | 0h h+ 0h | a7 .. | d ‖ ..7 | g+ e9> | 0e c6 | d7 | g+.

42. Andantino.
a+ fis7 | 0fis .. | e7 .7 | a+ cis+ ..7 |
0cis .. | fis9> 0fis | e+ ‖ a7 | d .. | a fis | 0fis .. | e+ ..7 | a+ ..7 |
d d6 | 6/4 e eis9> | 0cis ‖ a7 | d fis+ | 0fis d6 | 6/4 e + | a+.

43.
0g | | 0c d+ | g+ ‖ 0g | 0c c+ |
[unisono
0c d9> | g+ 0g d7 | g+ ‖ .. | 0g | 0d | 0g es7 | as+ ‖ cVII |
[unis. . . . . . .]
6>/4 g d9> | g7 0g 0c | 6>/4 g as7 | des+ | g7 .. | as ‖ c7 | 0c c+ 0c | 6>/4 g .. |
4/g7 | 0g ‖ cVII | 0g d9> g7 | 0g.
V< 5>

IV. Kapitel.

Tonalitätssprünge.

---

§ 10. Tonalitätssprünge.

Die einfachste Form des Wechsels der Tonalität ist der
Tonalitätssprung, d. h. der Schluss in der einen und der unvermittelt folgende Anfang in der anderen Tonart. Es ist
wohl klar, dass diese Art der Gegenüberstellung zweier Tonarten die ohnehin durch jeden Schluss bewirkte Cäsur verstärkt,
d. h., dass sie nicht ein organisches Bilden oder Weiterwachsen,
sondern ein Aneinanderreihen einzelner Bilder ist. Einigermassen gemildert erscheint diese Eigenschaft, wenn nicht die
alte Schluss- und die neue Anfangstonika einander direkt folgen,
sondern in der alten Tonart nur ein Halbschluss gemacht ist
oder aber in der neuen mit einer Dominantharmonie oder einer
ihrer Vertretungen begonnen, also zur neuen Tonika erst noch
hingeführt wird. Scheiden wir diese Fälle als immerhin noch
zur Kategorie der eigentlichen Modulationen gehörig aus, so ist
zu bemerken, dass die Aneinanderreihung geschlossener Sätzchen
in verschiedenen Tonarten besonders den Tänzen und den ihnen
verwandten oder von ihnen herkommenden Formen (Marsch,
Scherzo) eignet, welche durch ihren angestammten Charakter
eine schärfere Gliederung und fortgesetzte strenge Symmetrie
kleiner Bildungen bedingen. Liedartige Sätze einfachen Charakters
bringen ebenfalls häufig ihren Mittelsatz ohne Ueberleitung nach
einem Ganzschluss in einer neuen Tonart und auch Rondos
führen wohl das eine oder andere Thema unvermittelt als Kontrast ein. Diese Art der Aneinanderhängung unterscheidet
sich nur hinsichtlich der Dimensionen von der Zusammenfügung
mehrerer selbständigen Tonstücke zu einem cyklischen Werk,
wie in der heutigen Sonate (Symphonie, Quartett etc.). Die
ebenfalls cyklische ältere Suite oder Partite kannte den Tonartenkontrast der einzelnen Sätze nicht, benutzte vielmehr gerade

die Uebereinstimmung der Haupttonart der einzelnen Sätze als
Band für die Zusammenschliessung der heterogenen Charaktere
zu einem Kunstganzen.

Tonalitätssprünge unterliegen natürlich denselben ästhetischen Gesetzen wie Harmonieschritte, d. h. wie die Folge
c^+ — g^+ erst dadurch voll für die Auffassung zur Geltung
kommt, dass ich c^+ oder g^+ als Tonika fasse (ich kann nicht
genug darauf hinweisen, dass ein unentschiedenes Hören, das
diese Frage offen lässt, immer ein noch nicht Verstehen der
Stelle ist), ebenso ist die Folge der Tonalitäten C-dur — G-dur
nicht als gleichwerthig zu betrachten, wenn C-dur wie wenn
G-dur die ursprüngliche Haupttonart ist. Besonders wichtig
ist das volle klare Erfassen dieser Unterscheidung für die Gewinnung des richtigen Eindrucks von Tonarten der Unterdomi-
nantseite. Wie wir Seite 15—16 nachgewiesen haben, ist es
nur gar zu leicht, jeden Schritt von der Tonika zur Unterdominante (in Dur) als Schlussschritt, Dominantschritt zu empfinden; aber damit ist auch der Begriff der Unterdominante
aus der Harmonik eliminiert. Selbst bei wirklicher Modulation
nach der Tonart der Unterdominante muss trotz der durch
dieselbe bewirkten Schlussempfindung das Fortdauern des Be-
wusstseins der aufgegebenen Tonalität als der Haupttonalität
der Unterdominanttonart ihren § 2 klargestellten ästhetischen
Werth wahren. Beim Tonalitätssprunge zur Unterdominanttonart ist das volle Erfassen des gegensätzlichen Charakters
derselben ungleich leichter, ja zufolge des unmittelbar vorausgegangenen Schlusses in der Haupttonart sogar leichter als das
Begreifen der Unterdominante in der tonalen Kadenz. Es ist
darum nicht zufällig, dass die Komponisten seit mehr als
einem Jahrhundert die Unterdominanttonart als Haupttonart
für den zweiten Satz cyklischer Werke ganz besonders be-
vorzugen.

Tonalitätssprung ist fast selbstverständlich für das Trio,
welches dem Menuett, Scherzo oder ähnlichen Sätzen (Alle-
gretti) als Zwischensatz beigegeben wird. Nur ausnahmsweise
findet sich da die Beibehaltung derselben Tonart (z. B. bei
Beethoven in den Sonaten Op. 27, II, wo das Allegretto sowohl

als das Trio in Des-dur steht, ebenso in Op. 31. II, wo Menuett
und Trio in Es-dur stehen). Allerdings steht das Trio solcher
Sätze in der Regel so selbständig da, dass die Dreitheiligkeit
Scherzo (Menuett, Allegretto) — Trio — Scherzo (etc.) selbst
wieder als eine Art cyklischer Form erscheint.

Es folgen hier einige Beispiele der verschiedenen Tonalitätssprünge, die weiter keiner Zusatzbemerkungen bedürfen (vgl.
Harmonielehre S. 83).

A. Seitenwechsel.

a) Schumann, Novellette op. 21 No 5.

Schluss: a^7 — d$^+$; Anfang: ^{0}d — e^7 — ^{0}d.

b) ^{0}e — e$^+$.

Beispiele ohne Ueberleitung sind selten.

B. Schlichter Quintschritt.

a) Schubert, Moments mus. I.

Schluss: g^7 — c$^+$. Anfang: g$^+$ — d^7 g$^+$.

b) ^{0}e — ^{0}a.

Beispiele ohne Ueberleitung sind selten.

C.   Gegenquintschritt.

a)   Beethoven, Andante F-dur.

Schluss: c .. f$^+$.   Anfang: b$^+$ es^6 f^7 b$^+$.

b)   Schumann, Kreisleriana No. VIII.

Schluss: ^{0}d g^{VII} d .. ^{0}d.   Anfang: ^{0}a a^7 ^{0}a,

D. Quintwechsel.

a) Beethoven, Bagatelle op. 33, No. 4.

Schluss: e⁷ a⁺. Anfang: ⁰e — e^H.

b) Beethoven, op. 26. Trauermarsch.

Schluss: ⁰es as^VII es⁷ ⁰es. Anfang: as⁺ etc.

E. Schlichter Terzschritt.

a) c⁺ — e⁺

Beispiele ohne Ueberleitung fehlen.

b) ⁰e — ⁰c.

Beispiele ohne Ueberleitung fehlen.

F. Gegenterzschritt.

a) Beethoven, Andante F-dur.

Schluss: c⁷ — f⁺. Anfang: des⁺ as⁺ des⁺.

Beispiele besonders bei Schumann überaus häufig (vgl. Novelletten op. 21, No. 1 [Des-dur — A-dur; A-dur — F-dur], No. 2 [D-dur — B-dur], No. 3 [D-dur — B-dur], No. 5 [D-dur — B dur], No. 6 (A-dur — F-dur], No. 7 [E-dur — C-dur] etc.)

b) ⁰e — ⁰gis.

Beispiele fehlen.

G. Terzwechsel.

a) Beethoven, Bagatelle, op. 33, No. 2.

Schuss: c+ f6 g7 c+.   Anfang: 0e etc.

b)   Schubert, Moments music. No. 3.

Schluss: c 4̲6̇ 7 .. 0c.   Anfang: as+ es7.

H.   Gegenterzwechsel.

Schubert, F-moll-Phantasie (4 hdg.).

Schluss: f+ g7 c3 f+.   Anfang: 0cis (= 0des) — 0gis etc.

Wohl das einzige existierende Beispiel.

J. Schlichter Kleinterzschritt.

a) Beethoven, Bagatelle, op, 33, No. 3.

Schluss: f⁺ c⁷ f⁺. Anfang: d⁺ a⁷ d⁺.

Denselben Tonartenkontrast wendet Beethoven für die erste Variation in Op. 35 an. Vgl. auch das E-dur-Sätzchen in dem G-dur-Capriccio Op. 129.

a) ⁰e — ⁰g.

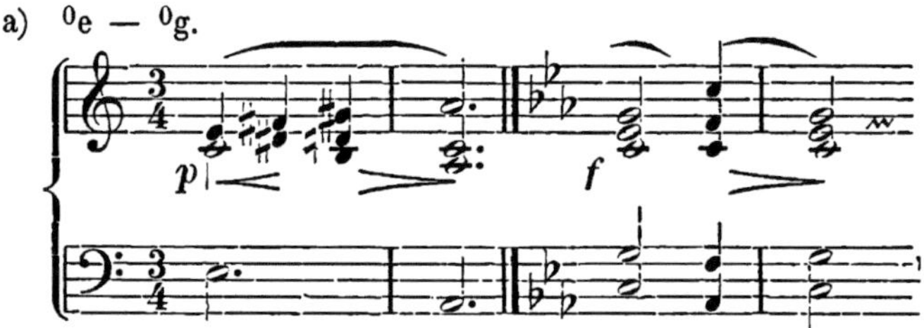

Beispiele ohne Ueberleitung fehlen (vgl. den Trauermarsch aus Beethovens Op. 26, wo aber die Folge ⁰es — ⁰fis [∽ ⁰ges] durch ces⁺ vermittelt ist).

K. Gegenkleinterzschritt.

a) c⁺ — es⁺.

Beispiele ohne Ueberleitung fehlen.

b) ^{0}e — ^{0}cis.

Schluss: $\overset{6}{\underset{4}{e}} \overset{+}{_{..}} \mid e^7\ ^0e.$ Anfang: ^{0}cis cis$^+$ fis^{VI} ..^{VII} cis$^+$.

Beispiele fehlen.

L. Leittonwechsel.

a) c$^+$ — ^{0}h.

Schluss: c$^+$ d^7 g^7 c$^+$. Anfang: ^{0}h e^{VII} h^7 etc.

Beispiele ohne Ueberleitung fehlen.

b) Beethoven, Bagatelle, Op. 119, No. I.

Schluss: g^{VII} d$\overset{6>+}{^4}$ .. ^{0}d. Anfang: es$^+$ as^6 b^7 es$^+$.

M. Gegenquintwechsel.

Schubert, Moments mus. II.

Schluss: es^7 — as$^+$.   Anfang: ^{0}cis (ϖ ^{0}des) ^{0}fis . .VII ^{0}cis.

Wohl einzig in seiner Art und zur Nachahmung nicht zu empfehlen.

N. Leittonschritt.

a) c$^+$ — h$^+$.

Schluss: g^7 c$^+$.   Anfang: h$^+$ e^6 etc.

Beispiele ohne Ueberleitung fehlen.

b) ^{0}e — ^{0}f.

Schluss: e^7 ^{0}e.   Anfang: ^{0}f — f^7.

Beispiele fehlen.

O. Gegenleittonschritt.

a) c[+] — des[+].

Schluss: g[7] $\overset{9\,\,8}{\underset{4\,\,3}{}}$ c[+]. Anfang: des[+] ges[+] des[+].

Beispiele ohne Ueberleitung fehlen.

b) [0]e — [0]dis.

Schluss: e $\overset{6>}{\underset{4}{}}$ 7 .. e[0]. Anfang: dis [0]gis etc.
III

Beispiele fehlen.

P. Gegenkleinterzwechsel.

a) c[+] — [0]es.

Schluss: g[7] — c[+].   Anfang: [0]es as[VII] es[7] [0]es.

Beispiele fehlen.

b) [0]e — cis[+]

Schluss: [0]d $\overset{2>}{}$ e[7] [0]e. Anfang: cis gis[7] etc.

Q. Fallender Ganztonschritt (s. Musikal. Syntaxis S. 94).

Beispiele fehlen.

Schritte wie der Ganztonschritt, Gegenganztonschritt, Ganz-
tonwechsel, Gegenquintwechsel, Tritonuswechsel, alle Tritonusschritte überhaupt, Kleinterzwechsel, eignen sich nicht zu
Tonalitätssprüngen, weil sie, wie aus der Harmonielehre bekannt, nicht direkt verständlich, nicht schlussfähig sind. Wie
schon oben betont, darf die Verschiebung der Tonalität nicht
das Bewusstsein der Haupttonalität verdrängen; sie muss aber
doch im Moment des Eintritts der neuen Tonika als ein fait
accompli verstanden werden, wenn der Tonalitätssprung wirklich
als solcher zum Bewusstsein kommen soll: das ist aber nur
möglich, wenn der Akt des Uebergangs selbst als eine Art
Schlussschritt begriffen wird. Wenn auch rhythmisch die Existenz
eines Schlussgliedes vom Abschluss in der alten zum Anfang
in der neuen Tonart nicht vorhanden ist, ja sein Nichtvor-
handensein sogar das Wesen des Tonalitätssprunges ausmacht,
so findet doch ohne allen Zweifel die harmonische Inbe-
ziehungsetzung der beiden Toniken statt und zwar kann dieselbe nur eine Schlussbeziehung (wenn auch, wie mehrfach
betont, im Banne der Haupttonalität) sein, weil sonst absolut
nicht einzusehen wäre, warum nicht jede beliebige Tonart sich
zur Gegenüberstellung eignet. Thatsächlich scheiden sich die
sämtlichen für Tonalitätssprünge geeigneten Harmoniefolgen in:

1) solche, die vermöge der nahen harmonischen Verwandtschaft der beiden Klänge Schlüsse machen können, und
2) solche, die durch mehrfache Leittonanschlüsse (teilweise
   mit enharmonischer Umdeutung) Schlusskraft melodisch
   erzwingen.

Die beiden Kategorien sind: ad 1) Seitenwechsel, schlichter und Gegenquintschritt, Quint-wechsel, schlichter und Gegenterzschritt, Terzwechsel, schlichter und Gegenkleinterzschritt; ad 2) schlichter und Gegenleittonschritt, Leittonwechsel, Gegenterzwechsel; ebenfalls auf melodische Wirkung, wenn auch nicht Leitton- sondern Ganztonfortschreitung zu beziehen ist die mögliche Anwendung des fallenden Ganztonschrittes.

Es ist leicht zu bemerken, dass auf dem Gebiete der Tonalitätssprünge noch gar manche packende Wirkung so gut wie ungebraucht ist; über dem einseitigen Gebrauch der allerdings vortrefflichen Formen: Gegenquintschritt und Gegenterzschritt (doch nur in Dur häufig), Quintwechsel, Terzwechsel und Leittonwechsel (besonders von Moll aus) werden eine Reihe ebenso guter (z. B. der schlichte Terzschritt, die Kleinterzschritte, diese alle besonders von Moll aus, sowie der Leittonwechsel von Dur aus) über Gebühr vernachlässigt. Die weiter unten gestellten Aufgaben mögen dazu dienen, für kleine lyrische Stücke die betrachteten Möglichkeiten durchzuüben. Erfindet der Schüler zu den angeregten und harmonisch skizzierten selbst weitere neue, so ist das nur gutzuheissen. Wenn auch die schönste und lohnendste Aufgabe das Fortspinnen eines Gedankens mit wirklicher Modulation zur Tonart des Nebenthemas oder der Nebenthemata ist, so ist doch auch der Werth der Tonalitätssprünge nicht gering anzuschlagen; die durch dieselben gelegentlich zu erzielenden Wirkungen sind durch nichts zu ersetzen (vgl. die Beispiele *F a*, *J a*).

§ 11. Der Rückgang.

Wenn wir die unvermittelte Gegenüberstellung zweier Tonalitäten wenigstens in einer beschränkten Zahl von Formen häufig finden, so ist das Zurückspringen zur Haupttonalität ohne Vermittelung ziemlich selten (nur in wirklichen Tänzen häufig). Und das hat seinen guten Grund. Denn eine analog überraschende Wirkung wie beim Wegspringen ist durch das Zurückspringen nicht zu erzielen. Vorausgesetzt, dass das Bewusstsein der Haupttonalität nicht erloschen ist — worauf

allein die volle Wirkung der fremden Tonart basiert — kann die
Rückkehr zur Haupttonart nicht überraschen, sie ist selbstverständlich. Der Komponist erzielt vielmehr Wirkungen von
ganz besonderer Schönheit, indem er den selbstverständlichen
Rücktritt in die Ausgangstonart so glatt wie möglich vermittelt.
Dazu genügen meist wenige Töne, eine oder zwei Zwischenharmonien. Der Rückgang ist etwas ganz anderes als die
Modulation. Diese zwingt uns von der Haupttonart weg, ist
ein Gewaltakt; der Rückgang geleitet uns nach Hause, ebnet
uns den Weg, den wir gern gehen; daher das sanfte, oft geradezu Rührende des Rückgangs, daher auch das Gesetz des Diminuendo für denselben, während Modulation crescendo erfordert
(Dyn. u. Agog. S. 187). Die nächstliegende Vorschrift für eine ratio-
nelle Anlage des Rückgangs ist, dass man die Tonika der
fremden Tonart oder auch wohl eine ihrer Nebenharmonien nach
ihrer Stellung in der Kadenz der Haupttonart zu begreifen
und zu behandeln sucht. Für die Mehrzahl der Fälle ist das
einfach genug, da wir den schlichten und Gegenquintklang,
Seitenwechselklang, Terzwechselklang und Leittonwechselklang
als Bestandtheile der schlichten oder erweiterten Kadenz kennen
gelernt haben. Wir brauchen also in diesen Fällen beim
Rückgang von der fremden Tonika aus nur in der Kadenz
der Haupttonart in einer der § 3 als natürlich erkannten
Weisen fortzufahren. Rhythmisch sind zwei Hauptformen des
Rückgangs zu unterscheiden, nämlich die nur füllende, welche
nach erfolgtem Abschluss in der fremden Tonart nur den Rest
des schweren Taktes benutzt, um ein Wiederanfangen des
Hauptgedankens auf den nächsten leichten zu ermöglichen und
die umdeutende, welche den letzten Schluss selbst nach
der Haupttonart leitet, so dass statt des Schlusses der Wiederanfang eintritt und der schwere Takt zum leichten umgedeutet
wird; eine dritte zwischen diesen beiden mitten innestehende ist die,
welche statt des Schlusses in der fremden Tonart den Halbschluss
in der Haupttonart bringt; und endlich ist noch die Möglichkeit
da, diejenige Dominante oder Nebenharmonie der fremden Tonart, welche man für den Rückgang umdeuten will, auf den
Schlusswerth zu bringen, wodurch eine Abart des füllenden

Rückgangs entsteht. Wir gehen die Möglichkeiten einzeln durch, wenigsteus für die wichtigsten Fälle.

A. Rückgang von der schlichten Quinttonart.

B. Rückgang von der Gegenquinttonart.

a) Beethoven, A-dur-Rondo. rit.

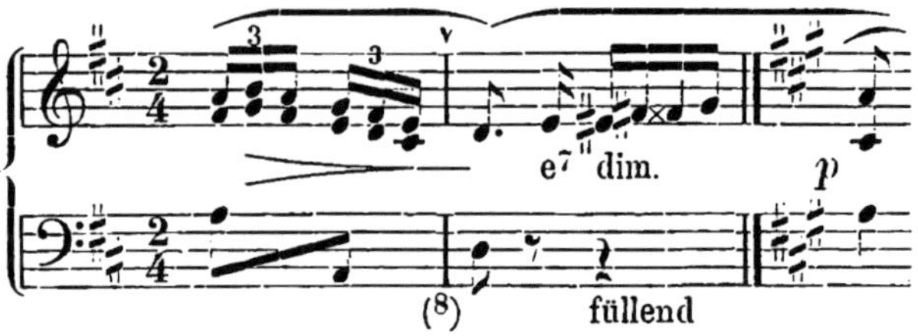

b)

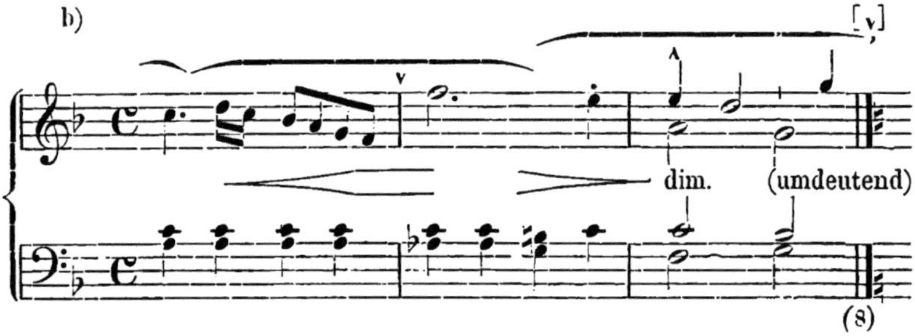

c)

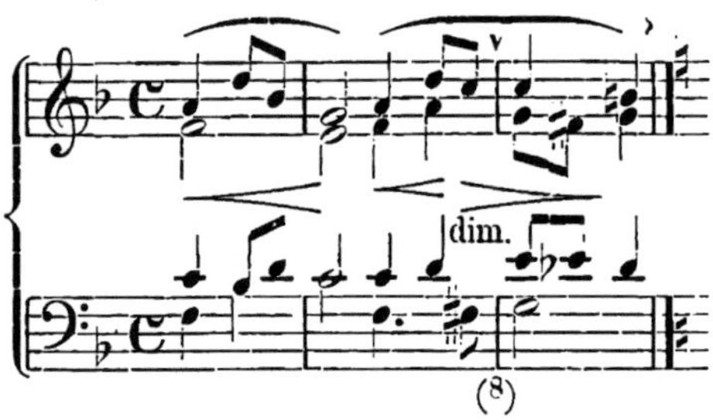

d)

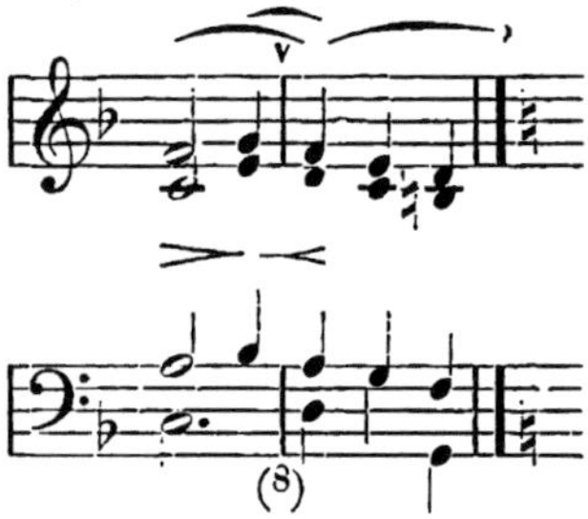

C. Rückgang von der Terzwechseltonart.

I. °e — c+.

a)

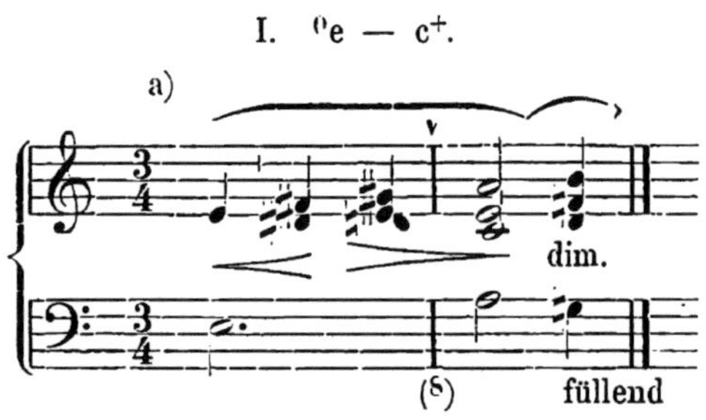

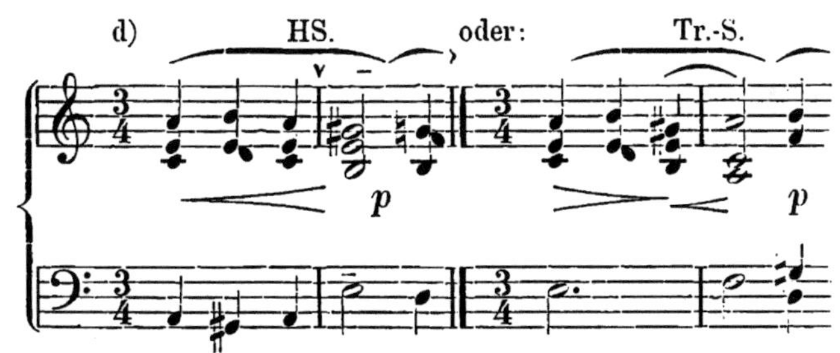

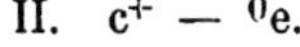

II. $c^+ - {}^0e.$

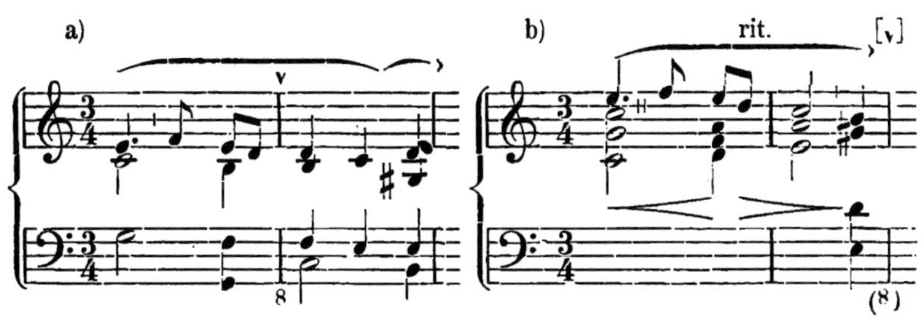

6*

D. Rückgang von der Leittonwechseltonart.

I. ^{0}h — c$^+$.

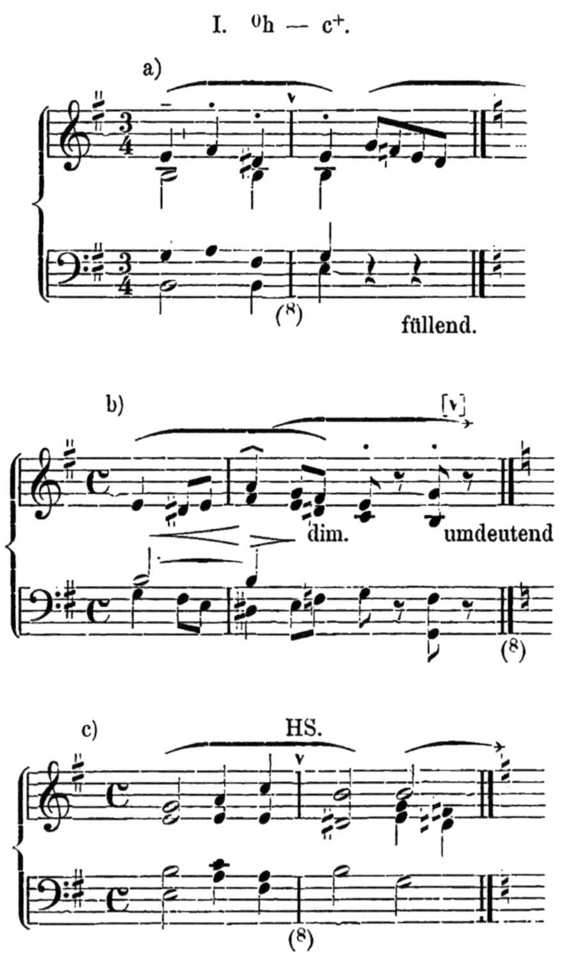

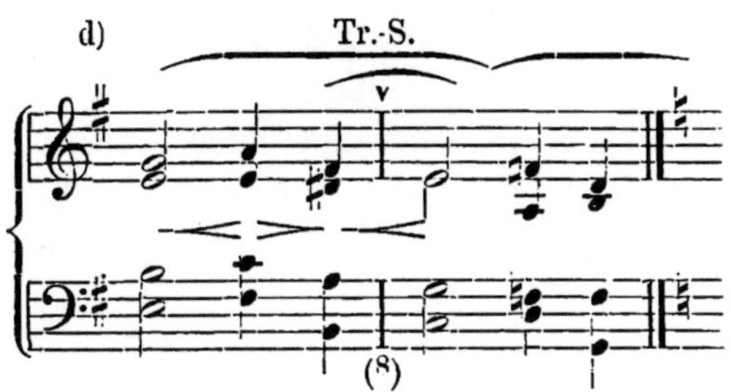

II. $c^{+} - {}^{0}h$.

a) Beethoven, Op. 27, I. 2. S.

b) Beethoven, Op. 14, I, 2. S.

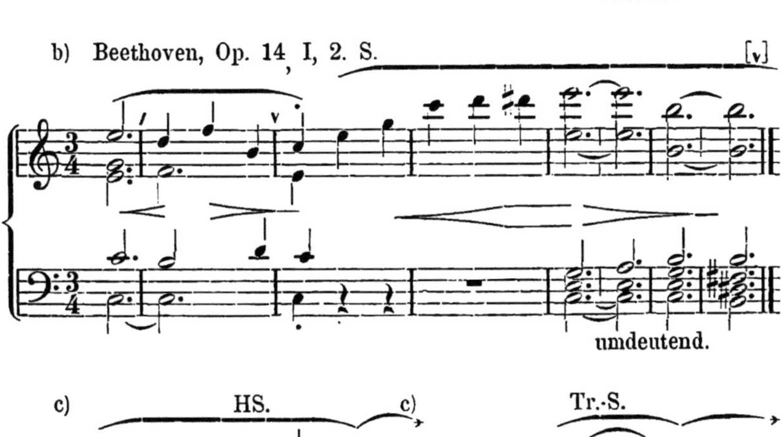

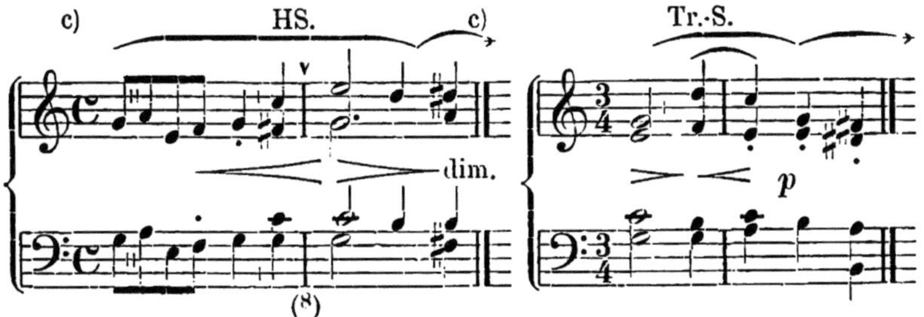

Nicht nur um Notenbeispiele zu sparen, sondern vor allem, um der eigenen Arbeit des Schülers auch etwas übrig zu lassen, breche ich hier ab und beschränke mich bezüglich der übrigen Rückgänge auf einige Hindeutungen, welche zugleich mit als theoretische Erläuterung der hier in Noten gegebenen Beispiele dienen möge.

Von der Seitenwechseltonart der Durtonart, die trotz ihrer eminenten Leichtverständlichkeit und nächsten Verwandtschaft merkwürdig wenig als Tonart für Seitensätze benutzt wird, ist der Rückgang leicht und natürlich, wenn man bedenkt, dass der Seitenwechselklang jederzeit als Unterdominante der Durtonart eingeführt werden kann (Harmonielehre S. 10). Ich habe diese Möglichkeit in den ersten Kapiteln nicht berücksichtigt, weil es galt, die leitereigenen Harmonien scharf zu charakterisieren. In die Sequenz gehört der Seitenwechselklang nicht. Im Sinne der Kap. II. entwickelten Begriffe bedeutete die Einführung der Mollunterdominante in Dur die Gewinnung eines neuen Leittonschrittes, nämlich as — g (sowohl für ^{0}c — c$^+$ wie ^{0}c — g$^+$). Ihre Terz wäre eine alterierte, der Akkord ein dissonanter: aber es ist durchaus daran festzuhalten, dass der Seitenwechselklang der Tonika sogar leichter verständlich ist als der Gegenquintklang. Was § 5 über den Seitenwechselklang in Moll gesagt ist, gilt ebenso für den in Dur. Er kann den kräftigen Gegenquintklang nicht ersetzen. Denn wenn auch die reciproke Schlussfähigkeit der im Verhältniss des Seitenwechsels stehenden Klänge unzweifelhaft ist, so ist doch zufolge der Gegensätzlichkeit des Klangprincips eine gleiche Gefährdung der Tonalität wie beim Gegenschritt nicht zu statuiren. Die Neigung, den Schritt von der Tonika zum Seitenwechselklange als Schluss zu fassen, ist geringer, weil der Kontrast der beiden Tongeschlechter zu stark auffällt und das zuerst gebrachte das die Auffassung Bestimmende ist. Die Einführung des Seitenwechselklanges in die Durkadenz bringt einige andere Harmonien in ihrer Gefolgschaft, welche die Kadenz abermals bereichern, nämlich zunächst selbstverständlich den Unterseptimenakkord des Seitenwechselklangs, der an die Stelle des Sextakkordes des Gegenquintklanges tritt, ferner

im Uebergange von der Tonika zum Seitenwechselklange den
Quintwechselklang der Tonika (zunächst zu definieren als
Tonika mit erniedrigter Terz, welche eine Leittonfortschreitung
zur Unterseptime des Seitenwechselklanges ergiebt: es — d),
weiter den Terzwechselklang des Seitenwechselklangs (as$^+$), der
an Stelle des Terzwechselklangs der Tonika einrückt und auch
direkt als Unterterzklang der Tonika verständlich ist (Harmonielehre S. 72); weitere Konsequenzen sind der Unterseptimen-
akkord des Seitenwechselklangs mit erhöhter Quint $\left(c^{\substack{v \\ \text{VII}}}\right)$, der
aber auch als 2. Oberdominante mit erniedrigter Quint ver-
standen werden kann und als solcher uns schon bekannt ist
(S. 45), der Unterterzklang mit übermässiger Sexte (resp. Terznonenakkord der 2. Oberdominante mit erniedrigter Quint),
und der Leittonwechselklang des Seitenwechselklangs, der durch
Vorhalt der kleinen Obersekunde vor der Mollprim entsteht,
d. h. nichts anderes ist als der uns aus der Molltonart bekannte
Akkord der neapolitanischen Sexte (des$^{+\cdot}$ $=$ ^{0}c$^{2>}$)

Die hieraus sich ergebenden neuen Kadenzbildungen sind:

1. $c^+ - {}^0g - c^{\mathrm{VII}} - g^7 - c^+$
2. $c^+ - g^{\mathrm{VI}} - as^6 - d^{9>}_{5>} - g^6_4 \,.{}^7.\, c^+$
3. $c^+ - as^+ - d^7_{5>} - g^+ - c^+$
4. $c^+ - {}^0c^{2>} - g^6_4 - .{}^7. - c^+$
5. $c^+ - {}^0c^{2>} - d^{9>} - g^7 - c^+$ u. s. w.

Jede dieser Kadenzen giebt einen Weg für den Rückgang
von F-moll nach C-dur; es wird dem Schüler ein Leichtes sein,
die verschiedenen Möglichkeiten für die vier oben durchge-
führten rhythmischen Unterscheidungen der Rückgangsbildung
zu verwerthen.

Auch der Heimweg aus der Gegenterztonart und
Gegenleitton-Tonart ist durch diese neuen Kadenzen, die
man wohl als von der Quintwechseltonart entlehnt ansehen
darf, gegeben. Vorsicht erfordert der Rückgang von der
Quintwechseltonart; die eben aufgeführten neuen Kadenzen
stellen eine so weitgehende Parallelität der Mittel der im
Verhältniss des Quintwechsels stehenden Tonarten her, dass
eine Unterscheidung der beiden Tonarten nur dadurch zu er-

zielen ist, dass die in Moll wie in Dur möglichen Quintwechsel-
klänge der Tonika und des Gegenquintklanges (in C-dur: ^{0}c
und ^{0}g, in C-moll (^{0}g): c$^+$ und f$^+$) auf Hauptschlusswerthe
vermieden und auf solche vielmehr die leitereigenen Tonika
und Gegenquintklang bevorzugt werden. Man vergleiche folgende
Kadenzen, um sich von der Wahrheit der behaupteten Parallelität
zu überzeugen:

C-dur: c$^+$ — ^{0}g — as$^+$ — des$^+$ (^{0}c$^{2>}$) — c^{VII} — $d^{9>}_{5>}$ — g^7 — c$^+$.

C-moll: ^{0}g — as$^+$ — des$^+$ (^{0}c$^{2>}$) — c^{VII} — $d^{9}_{5>}$ — g^7 — ^{0}g.

Angesichts solcher Möglichkeiten erscheint es gewiss nicht
verwunderlich, dass gerade die Modulation zur oder von der
Quintwechseltonart allgemein als schwer bekannt ist. Als Haupt-
unterscheidungsmerkmal bleibt schliesslich der Quartsextakkord
der Oberdominante, der in Dur die grosse Sexte, in Moll die
kleine Sexte aufweist. Gilt es von Moll nach Dur überzeugend
zurückzugelangen, so wird ausser dem grossen Quartsextakkord
besonders die geschickte Einführung der Durunterdominante
(f$^+$, womöglich vermittelt durch c^7) Dienste leisten; beim Rückgang nach Moll wird gleichermassen die Berührung der Molloberdominante (^{0}d, vermittelt durch g^{VII} oder d^7) von guter
Wirkung sein.

Die schlichte Quinttonart und Gegenquinttonart werden
in Mollsätzen selten für Tonalitätssprünge benutzt. Sehr mit
Unrecht, denn ihre Wirkung ist vortrefflich (vgl. § 10 B b und
C b). Für die Rückgänge von ihnen zur Haupttonalität weisen
uns wiederum die eben eingeschalteten Betrachtungen den Weg.
Da ^{0}h mit e$^+$ so viele Mittel gemein hat, so ist der Rückgang
von ^{0}h nach ^{0}e am einfachsten zu bewirken, indem ^{0}h in e$^+$
verwandelt wird, d. h. der Rückgang dem von e$^+$ nach ^{0}e
analog gestaltet. Ebenso kann der Rückgang von ^{0}a nach ^{0}e
dem von ^{0}a nach a$^+$ analog gebildet werden, wenn man nur
die Unterscheidung des grossen und kleinen Quartsextakkordes
im Auge behält. Natürlich ist aber für beide auch der Rückgang mit reinen Mollmitteln möglich: dann gilt es, zu derjenigen Hauptharmonie fortzuschreiten, welche die angestrebte
Tonart von der zu verlassenden unterscheidet, d. h. beim Wege

von ^{0}h nach ^{0}e zur Unterdominante ^{0}a, beim Wege von ^{0}a nach ^{0}e zur Molloberdominante ^{0}h; dort ist f♮, hier h♮ der unterscheidende Ton, dessen geschicktes Ergreifen Bedingung des glücklichen Rückganges ist.

Für den Rückgang von der schlichten Terztonart zur Haupttonart muss man sich erinnern, dass der schlichte Terzklang im Verhältniss des Seitenwechsels zum Terzwechselklang steht:

$$c^+ \quad e^+ \qquad \text{und} \qquad \begin{matrix} & c^+ & \\ ^0c & & ^0e \end{matrix}$$
$$^0e$$

Der Rückgang wird gern diese Etappe benutzen, ist aber auch jederzeit direkt über den schlichten Quintklang möglich (vgl. Musikalische Syntaxis S. 24).

$$e_+ - g^7 - c^+ \quad \text{und} \quad ^0c - a^{VII} - {}^0e.$$

Den Rest der Möglichkeiten auszuprobieren, oder besser durchzudenken, dürfen wir dem eigenen Wissensbedürfniss des Schülers überlassen, umsomehr, als wir durch allzu ausführliches Eingehen doch den nächsten Kapiteln zu stark vorgreifen müssten. Der Zweck dieses Kapitels war nicht, die Möglichkeiten zu erschöpfen, sondern die gangbarsten Wege aufzudecken, welche die unvermittelte Tonartengegenüberstellung einzuhalten pflegt, und an den einfachsten Formen des Rückgangs einen vorläufigen Einblick in die das Wesen der eigentlichen Modulation ausmachenden Umdeutungen der Harmonie zu eröffnen. Dieser Zweck dürfte aber mit dem Gebotenen hinlänglich erreicht sein.

Aufgaben.

44. **Andante sostenuto.**

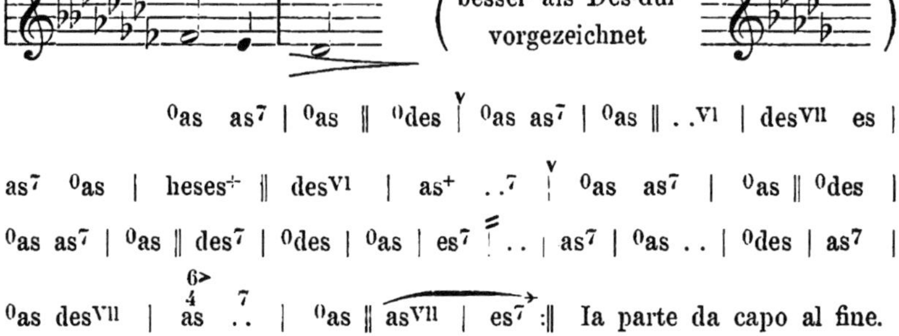

45. Allegretto con moto.

46) Frei zu erfinden: 1. Theil in E-dur, Allegro moderato 3♩
(lebhaftes Motiv) mit Halbschluss auf dem 4.,*) Trugschluss
auf dem 8. Takt und vier Takten Schlussanhang. 2. Theil in
C-dur (cantable Melodie) mit Ganzschluss auf dem 4. Takt,
im Nachsatze Sequenz, auf den 8. Takt die Unterdominante

---

*) Ein für alle Mal sei hier die Bemerkung eingeschaltet, dass ich
unter dem 4. Takt den Schlusswerth der zweiten Symmetrie verstehe, der
thatsächlich nur bei Anfängen auf dem leichten Takt auf den vierten Takt
fällt, bei Anfängen auf dem schweren Takt (wo erst der dritte antwortet)
dagegen auf den siebenten. Auch ist wohl zu erinnern, was über die einzähligen und mehr als dreizähligen Takte S. 6 gesagt ist.

(f⁺), die als Akkord der neapolitanischen Sexte von E-dur
(= ⁰e²ᐳ) für den füllenden Rückgang benutzt wird. Sodann
Wiederholung des ersten Theils.

47) Frei zu erfinden: 1. Theil G-moll (⁰d) 2 ♩. Andantino
mit Ganzschluss auf dem 4. und Halbschluss auf dem 8. Takt,
alsdann Wiederholung der ersten vier Takte und Ganzschluss
auf dem 16. Takt. 2. Theil D-dur mit lebhaftem figuriertem
Hauptmotiv, Halbschluss auf dem 4. Takt, Trugschluss der
Quintwechseltonart (S. 14) auf dem 8. Takt und Ueberleitung
des zweitaktigen Schlussanhangs nach der Haupttonart (um-
deutend) mit Ersetzung des Schlussakkordes durch den Wiederanfang.

48) Frei zu erfinden: 1. Theil G-dur, Allegro moderato 2 ♩
(kräftiges Motiv), auf dem 4. Takt die Unterdominante, auf dem
6. Halbschluss; auf dem 8. Ganzschluss. 2. Theil H-moll (⁰fis)
mit dem schweren Takt anfangend (einen leichten elidierend)
mit Halbschluss auf dem 4. Takt, die letzten Takte des Nachsatzes in die Haupttonart zurücklenkend mit Halbschluss in
dieser auf dem 8. Takt. Sodann Wiederholung des 1. Theils.

49) Frei zu erfinden; 1. Theil C-moll, Grave 4 ♩, mit dem
vollen Takt (schweren Halbtakt) beginnend, mit starker Benutzung der chromatischen Harmonien (dorische und neapolitanische Sexte, 2. Oberdominante etc.) mit Halbschluss auf dem
4. Takt, Trugschluss auf dem 8. Takt und zweitaktiger Schluss-
wiederholung. 2. Theil in As-dur, auftaktig mit dem leichten
Halbtakt beginnend, lebhafter figuriert, so dass der Charakter
mehr Andante-artig wird mit Unterdominante auf dem 4., Halbschluss auf dem 6. und Ganzschluss auf dem 8. Takt. Sodann
Rückgang zur Wiederholung des 1. Theils: viertaktig mit Ersetzung des Schlussakkordes durch den Wiederanfang.

V. Kapitel.

Umdeutung eines Kadenzmomentes in ein anderes.

---

§ 12. Die Tonika wird Unterdominante.

Wenn wir auch im vorigen Kapitel den Unterschied des Rückgangs von der eigentlichen Modulation betonen mussten, so ist doch das, was wir über Mittel und Wege des Rückgangs in Erfahrung gebracht haben, nicht ohne Bedeutung für die Erkenntniss der Mittel und Wege der vorwärts geschehenden Modulation und wird uns vorläufig zur Führung dienen. Wenn wir, um den natürlichsten Heimweg zur Haupttonalität zu finden, die Stellung der fremden Tonika oder doch einer ihrer Dominanten in der Kadenz der Haupttonart zu begreifen suchen mussten, so ist damit das wichtigste Gesetz für alle Modulation überhaupt aufgewiesen: Die Umdeutung einer Harmonie aus dem Sinne eines Kadenzmomentes der einen Tonart in den eines Kadenzmomentes einer anderen. Gehen wir zunächst einige Möglichkeiten durch, so ist der zuerst ins Auge springende Fall: dass die Tonika Unterdominante wird.

Sind beide Tonalitäten Dur, so wird die Umdeutung am einfachsten angeregt durch Hinzutritt der Sexte zum Durakkord, da diese charakteristische Dissonanz der Durunterdominante ist (§ 3). Zwar ist uns die Tonika mit Sexte ebenfalls als (wenn auch nur nebensächliches) Kadenzmoment bekannt, es ist aber gar nicht zu bestreiten, dass besonders an gewichtigerer Stelle (2., 4., 6. Takt) durch Annahme der Sexte die Tonika uns als künftige Unterdominante nahe gelegt wird: natürlich muss die damit angeregte Umdeutung erst noch durch weiter folgende Harmonien, welche sie bestätigen, zur Nothwendigkeit gemacht werden. Da es sich um die Fundamentierung der gesamten Modulationslehre handelt, wollen wir etwas ausführlicher hierauf eingehen. Die beiden Kadenzen, aus deren einer in die andere übergesprungen wird, sind:

$$c^+ \quad [f^6 \quad g^7 \quad c^+]$$
$$[g^{\cdot\cdot}] \quad c^6 \quad d^7 \quad g^+ \quad = \quad c^+ \quad c^6 \quad d^7 \quad g^+.$$

Aus der „Neuen Schule der Melodik" erinnern wir uns, dass die Dur-Unterdominante ausser dem harmonischen Charakteristikum der Sexte noch das melodische der übermässigen Quarte ($4^<$) aufweist. Die skalenartige Figuration wird dieses wichtige Hülfsmittel der Umdeutung, das für sich allein ausreichend sein kann, nicht ausser Acht lassen. Die Stellvertretung von c^6 durch ^0e vermindert diese Umdeutungsfähigkeit nicht; wir finden vielmehr besonders häufig ein Umspringen aus der einen Kadenz in die andere, nachdem durch die S. 44 aufgewiesene Zwischenharmonie dem zur Unterdominante umzudeutenden Terzwechselklange der Tonika besonderes Gewicht beigelegt worden ist. Das einfache

$$c^+ \quad e^7 \quad {}^0e \quad [{}^0a \quad g^7 \quad c^+]$$
$$[g^+] \quad c^6 \quad d^7 \quad g^+ \quad = \quad c^+ \quad e^7 \quad {}^0e \quad d^7 \quad g^+.$$

Beispiele:

1. Beethoven, op. 31. I. 1. S.

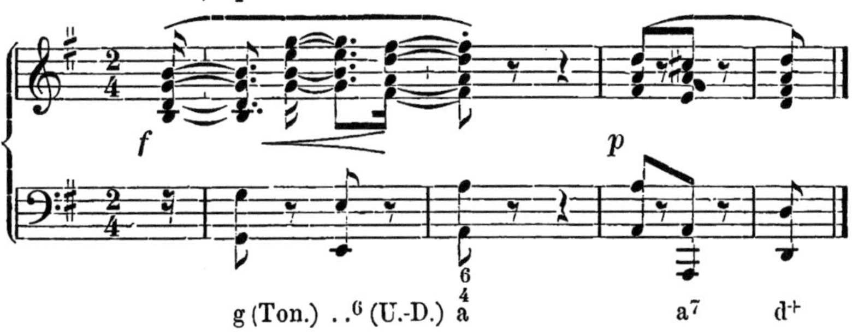

2. Beethoven, op. 32. 1. S.

3. Bach, 1. zweist. Invention.

Soll eine Molltonika zur Unterdominante einer Durtonart umgedeutet werden, so ist der Uebergang am glattesten, wenn man für die neue Tonart die Mollunterdominante festhält (Seitenwechselklang); der charakteristische Zusatzton ist dann die Unterdominante:

$$\begin{array}{l} {}^{0}\mathrm{e} \quad [\mathrm{a}^{\mathrm{VII}} \quad \mathrm{e}^{7} \quad {}^{0}\mathrm{e}] \\ [\mathrm{e}^{+}] \quad \mathrm{e}^{\mathrm{VII}} \quad \mathrm{h}^{7} \quad \mathrm{e}^{+} \end{array} = \quad {}^{0}\mathrm{e} \quad ..^{\mathrm{VII}} \quad \mathrm{h}^{7} \quad \mathrm{e}^{+}$$

Fast identisch hiermit fällt das Schema aus, wenn die Molltonika zur Unterdominante einer Molltonart umgedeutet wird:

$$\begin{array}{l} {}^{0}\mathrm{e} \quad [\mathrm{a}^{\mathrm{VII}} \quad \mathrm{e}^{7} \quad {}^{0}\mathrm{e}] \\ [{}^{0}\mathrm{h}] \quad \mathrm{e}^{\mathrm{VII}} \quad \mathrm{h}^{7} \quad {}^{0}\mathrm{h} \end{array} = \quad {}^{0}\mathrm{e} \quad ..^{\mathrm{VII}} \quad \mathrm{h}^{7} \quad {}^{0}\mathrm{h}$$

Nicht ganz so ungezwungen ergiebt sich die Umdeutung der Molltonika zur Durunterdominante, welche eine chromatische Veränderung (Erhöhung der Terz) bedingt, die nur allzuleicht als dorische Sexte (S. 33) verstanden wird, d. h. trotzdem dass eine Durunterdominante nur in Dur möglich ist, doch nicht eine Dur-, sondern eine Molltonika erwarten lässt:

$$\begin{array}{l} {}^0e \;\; -\!\!- \;\; [a^{VII} \;\; e^7 \;\; {}^0e] \\[-2pt] \diagdown = \; {}^0e \; a^6 \; h^7 \; e^+ \\[-2pt] e^+ \;\; -\!\!- \;\; a^6 \quad h^7 \;\; e^{+} \end{array}$$

Der Quintwechsel der Harmonie wird immer gern nur als chromatische Veränderung, d. h. als nicht eigentlich harmonische sondern melodische Bildung verstanden; wenn auch jede melodische Bildung harmonisch verständlich sein muss, so erscheinen doch solche sogenannte „melodische“ Bildungen harmonisch als sekundäre, als Beiwerk, das allenfalls auch fehlen könnte. Im vorliegenden Falle bedeutet das soviel, dass das a^6 das ${}^0e$ nicht auslöscht, sondern nur als e^{VII} wirkt. Allgemein kann man sagen, dass die Verwandlung der Molltonika in einen Durakkord die Vermuthung erregt, dass sie Oberdominantbedeutung (für eine Molltonart) erlangen solle, wie auf der andern Seite die Verwandlung der Durtonika in einen Mollakkord die Umdeutung derselben zur Unterdominante (einer Durtonart) nahe legt; in beiden Fällen kommt der durch die chromatische Veränderung entstehende Akkord als Seitenwechselklang der neuen Tonika zum Vorschein, d. h. an der Stelle im System, wo auch sein Quintwechselklang (die ursprüngliche Tonika) stehen könnte (als Gegenquintklang der neuen Tonika). Wir ersehen hieraus, dass die

Umdeutung der Durtonika zur Mollunterdominante nur der Erniedrigung bedarf und selbst der Hinzufügung der Unterseptime entrathen kann. Der Fortgang wird aber nur völlig ungezwungen sein, wenn die neue Tonalität Dur und nicht Moll ist, so dass von den beiden folgenden Modulationen die erste die natürlichere ist:

$$\begin{array}{l} c^+ \;\; [f^6 \quad g^7 \quad c^+] \\[-2pt] \diagdown = \; c^+ \; g^{VII} \; d^7 \; g^+ \\[-2pt] [g^+] \;\; g^{VII} \; d^7 \quad g^+ \end{array}$$

und:

$$\begin{array}{l} c^+ \;\; [f^6 \quad g^7 \quad c^+] \\[-2pt] \diagdown = \; c^+ \; g^{VII} \; d^7 \; {}^0d \\[-2pt] [{}^0d] \;\; g^{VII} \; d^7 \quad {}^0d \end{array}$$

Beispiele:

1. Bach, 11. zweist. Invention.

2. Bach, 9. zweist. Invention.

3.

Die fehlenden Beispiele kann der Schüler leicht bilden,
ja es ist seine Aufgabe, sich von der grösseren oder geringeren
Brauchbarkeit der einzelnen Formen durch den Versuch ihrer
Anwendung zu überzeugen. Häufig ist nur die Umdeutung
der Molltonika zur Mollunterdominante von Moll; aber ebenso
gut ist die Umdeutung der Durtonika zur Mollunterdominante
von Dur, während die beiden andern Möglichkeiten (Umdeutung
der Molltonika zur Durunterdominante [von Dur] und Umdeutung
der Durtonika zur Mollunterdominante von Moll) einen
inneren Widerspruch aufweisen, der sie nicht als völlig logisch
erscheinen lässt, weil die ursprüngliche Tonika zur neuen im
Verhältniss des Ganztonwechsels stehen würde, eines Schrittes,
der, wie aus der Harmonielehre bekannt ist, der Umdeutung
unterliegt. Die Tonartsysteme

$$f \quad a \quad c \quad e \quad g \quad b \quad d \quad \text{(Dur mit Molloberdominante)}$$

und

$$d \quad \text{fis} \quad a \quad c \quad e \quad g \quad h \quad \text{(Moll mit Durunterdominante)}$$

sind unmögliche, sie entbehren der beiden nächstverwandten
Harmonien, des schlichten Quintklangs und Seitenwechselklangs,
und stellen neben die Tonika nur den Gegenquintklang, der
ohne das Gegengewicht des schlichten Quintklangs die Tonalität
gefährdet und an die Stelle des schlichten Quintklangs eine
Harmonie, welche von der Tonika ein Doppelquintwechsel entfernt ist (c^+ — ^0d, ^0e — d^+) aber verstanden wird als Seitenwechselklang des Gegendoppelquintklangs (^0d Terzwechselklang
der zweiten Unterdominante b^+; d^+ Terzwechselklang der zweiten
Oberdominante ^{0}fis). Die Modulation nach der Molloberdominanttonart von Dur wie nach der Durunterdominanttonart von Moll
ist daher mit Recht nicht gebräuchlich und kann höchstens
unter den fortschreitenden Modulationen eines Durchführungs-
theils ihre Stelle finden.

§ 13. Die Tonika wird Oberdominante.

Die Umdeutung einer Dur- oder Molltonika zur Duroberdominante fanden wir ebenfalls bereits unter den Rückgängen

als überaus fasslich. Die Durtonika braucht nur die schlichte Septime anzunehmen, um sofort als Oberdominante verstanden zu werden; die Molltonika muss zuvor noch die Terz erhöhen und zum Durakkord werden. Aus Kapitel II ist uns aber diese Verwandlung der Tonika in eine Oberdominante (nämlich in die Oberdominante ihrer Unterdominante) bekannt und wir wissen, dass sie eine eigentliche Modulation noch nicht bedingt; wir kennen aber auch bereits die Bedingungen, welche das, was zu einer solchen noch fehlt, hinzubringen können, nämlich die metrische Schlusswirkung. Weiterhin werden wir darauf näher einzugehen haben; jetzt beschränken wir uns darauf, jene in den ersten Kapiteln als Erweiterungen der tonalen Kadenz aufgefassten Harmoniefolgen als Uebergänge aus der Kadenz in einer Tonart in die in einer andern zu betrachten und ihren ästhetischen Werth zu prüfen. Die Umdeutungen der Tonika zur Duroberdominante ergeben einen überaus schnellen Uebergang zur neuen Tonika, weil die Oberdominante wie bekannt das letzte Glied der Kadenz ist:

$$\frac{c^+ \; [f^6 \quad g^7 \quad c^+]}{[f^+ \quad b^6] \quad c^7 \quad f^+} \;=\; c^+ \; c^7 \; f^+.$$

$$\frac{c^+ \; [f^6 \quad g^7 \quad c^+]}{[^0c \quad f^{VII} \quad c^7 \quad ^0c} \;=\; c^+ \; c^7 \; {}^0c,$$

$$\frac{^0e \; [a^{VII} \quad e^7 \quad {}^0e]}{[^0a \quad d^{VII}] \quad a^7 \quad {}^0a} \;=\; {}^0e \; a^7 \; {}^0a.$$

$$\frac{^0e \; [a^{VII} \quad e^6 \quad {}^0e]}{[d^+ \quad g^6] \quad a^7 \quad d^+} \;=\; {}^0e \; a^7 \; d^+. \; \text{NB.}$$

Wo es sich daher um mehr als eine nachdrückliche Einführung der Unterdominante handelt, wird zur überzeugenden Feststellung der neuen Tonart eine Verlängerung der Kadenz geboten sein, sei es durch Einschaltung des Quartsextakkordes oder einer anderen Vorhaltsgestalt der Oberdominante (Terznonenakkord), sei es durch einen Trugschluss oder sonst eine der vollen Schlusswirkung entbehrende Form (Terz der Tonika im Bass), oder durch Hinweggehen über die Tonika zum Halbschluss in der neuen Tonart u. s. w. In weitaus den meisten Fällen erscheint aber die Umwandlung der Tonika in die Duroberdominante nur als füllende Modulation nach einem Schluss, als leichte Ueberleitung auf den Rest eines Taktes oder allenfalls auf den leichten Takt, selten künstlich ausgereckt auf eine grössere Anzahl Takte, aber auch dann meist ohne thematische Gestaltung, als Zwischenglied, wie es beim Rückgang auch das Gewöhnliche war. Es kann uns das um so weniger wundern, als wir ja wissen, dass die Unterdominante (der Durtonart wenigstens) ja immer der Möglichkeit ausgesetzt ist, gegenüber der Tonika als Urgrund, aus dem diese erwachsen, verstanden zu werden. In Fällen solcher im Gewande des Rückgangs auftretenden Modulationen wird dieser Möglichkeit wirklich Raum gegeben. Von der Umdeutung der Dur- oder Molltonika zur Molloberdominante (der Molltonart; denn die Molloberdominante der Durtonart ist ein Unding, vgl. den vorigen §) dürfen wir nach den Ergebnissen des § 5 nicht allzuviel erwarten. Immerhin ist aber die Einstellung in die S. 32 entwickelte beide Oberdominanten benutzende Kadenz möglich und erzielt folgende Formeln:

$$\frac{^0e \qquad [a^{VII} \quad e^7 \qquad\quad ^0e]}{[^0a] \quad e^{VI} \quad d^{VII} [a^7]\, ^0a} \;=\; {^0e} \,.\,.\,^{VI}\, d^{VII}\, [a^7]\, ^0a.$$

und

$$\frac{c^+ \qquad [f^6 \qquad g^7 \qquad\quad c^+]}{[^0c] \quad g^{VI}\, f^{VII}\, [c^7]\, ^0c} \;=\; c^+\, g^{VI}\, f^{VII}\, c^7\, ^0c.$$

Zu der oben mit aufgeführten Modulation $^0e\ a^7\ d^+$ ist zu bemerken, dass dieselbe mit der im vorigen § abgelehnten $c^+\ g^{VII}\ d^7\ ^0d$ in eine Kategorie gehört, sofern die beiden Toniken im Verhältniss des Ganztonwechsels stehen. Das D-dur wird nicht als Quintwechseltonart der Unterdominante ^0a, sondern als Tonart der zweiten Oberdominante der Paralleltonart (c g d) verstanden werden, wie man leicht daran erkennt, dass entschieden der Fortgang nach G-dur erwartet wird.

Also wird auch diese Modulation für Themenaufbau abzuweisen und nur als für Durchführungstheile brauchbar anzusehen sein. Uebrigens ist die Bedeutung dieser ganzen Gruppe von Modulationen darum eine untergeordnete, weil, wie wir wissen, die Gegenüberstellung der Unterdominanttonart als Tonart eines Seitenthemas nur für einsätzige lied- oder tanzartige Tonstücke häufig ist, die aber meist nicht in die Unterdominante modulieren, sondern den kontrastierenden Tonalitätssprung vorziehen. Classische Werke bringen dagegen die Unterdominanttonart meist als Haupttonart des zweiten Satzes, d. h. natürlich erst recht ohne Modulation. Die weiterhin gegebenen Aufgaben bieten auch zur Erprobung der Modulationen dieses Paragraphen hinreichende Gelegenheit.

§ 14. Die Unterdominante wird 2. Oberdominante.

Eine der häufigsten Formen der Modulation ist diejenige, welche die Unterdominante zur zweiten Duroberdominante umdeutet. Wie das zu geschehen hat, ist nach den früheren Aufweisungen leicht zu verstehen. Die charakteristische Dissonanz der Duroberdominante ist die Septime; die charakteristische Dissonanz der Durunterdominante die Sexte; wollte man nun statt der Sexte die Septime bei der Unterdominante einführen, so würde das allerdings eine Umdeutung der gekennzeichneten Art herbeiführen, die damit erreichte Tonart würde aber die des Gegenganztonschrittes sein, d. h. eine Tonart, die man wenigstens um ihrer selbst willen nicht aufsuchen würde (vgl. S. 78); als Umweg, um sicherer und nachhaltiger nach der Tonart des Gegenquintschrittes zu gelangen, kann sie uns schätzenswerth erscheinen, als Haupttonart eines Seitensatzes ist sie nur unvermittelt und melodisch wirkend brauchbar (S. 78 Q.). Die beliebte Form der Verwandlung der Dur-Unterdominante in eine Oberdominante ist aber vielmehr die Erhöhung des Unterdominantgrundtones, welche uns schon von S. 45 her geläufig ist, wo sie uns nur eine leichte Uebergangsharmonie von der Unterdominante zur Oberdominante ergab. Es bedarf nur der Hülfe rhythmischer Schlusswirkung,

um die wirkliche Umdeutung und damit die Modulation in die
Tonart der Oberdominante zu erzwingen. Soll die Mollunterdominante (in Dur oder Moll) zur Duroberdominante werden,
so bedarf es auch noch der Erhöhung der Unterdominantterz,
so dass zwei chromatische Fortschreitungen entstehen; da aber
Quinte und Sexte der Durunterdominante, resp. Prime und
Septime der Mollunterdominante zu Septime und Prime der
Duroberdominante werden, so erscheint der Uebergang als ein
leichtverständlicher und gut vermittelter. Der die Modulation
bewirkende Akkord (die Oberdominante) ist zwar wiederum
das Schlussglied der Kadenz in der neuen Tonart, die Gesamtkadenz erscheint aber darum befriedigender als die des
vorigen §, weil nicht von der Tonika, sondern von der Unterdominante der alten Tonart abgesprungen wird, also die vier
Kadenzmomente wirklich vertreten sind:

$$1. \quad c^+ \begin{cases} c^{VII} \\ f^6 \quad (g^7 \ c^+) \\ (g^+ \ c^6) \ d^7 \ g^+ \end{cases} = c^+ \begin{cases} c^{VII} \\ f^6 \ d^7 \ g^+ \end{cases}$$

$$2. \quad {}^0e \ a^{VII} \ (e^7 \ {}^0e) \atop ({}^0h \ e^{VII}) \ h^7 \ {}^0h} = {}^0e \ a^{VII} \ h^7 \ {}^0h.$$

$$3. \quad {}^0e \ a^{VII} \ (e^7 \ {}^0e) \atop (e^+ \ e^{VII}) \ h^7 \ e^+} = {}^0e \ a^{VII} \ h^7 \ e^+.$$

Ich unterlasse es, auf die zahllosen möglichen Abarten der
hier wie in früheren und folgenden Paragraphen entwickelten
normalen Kadenzen einzugehen, welche durch Substituierung
harmonisch gleichbedeutender, nur durch Auslassung einzelner
Töne oder Einstellung von Vorhalten oder alterierten Tönen
etc. anders gefärbter Akkorde entstehen. Es sei nur leicht
darauf hingedeutet, dass gerade bei den beiden aufgewiesenen
modulierenden Kadenzen gern durch Festhalten der Mollterz
der Unterdominante als verminderter Quint der Oberdominante
die aus dem Generalbass als übermässige Terzquartsextakkorde
bekannten Bildungen entstehen, und dass die zweite Kadenz

durch Einführung der dorischen Sexte (III<) den einen chromatischen Ton vorausnehmen kann (was streng genommen nicht ganz logisch ist, da fis auf gis warten lässt; doch vergisst man die kleine Täuschung gern über die Ueberraschung der modulierenden Wendung und versteht fis nachträglich als antizipiert):

Die Umdeutung der Unterdominante zur Molloberdominante verspricht schon wegen der Ungebräuchlichkeit der letzteren nicht viel, ist aber besonders darum (für die direkte Modulation wenigstens) werthlos, weil sie zur zweiten Unterdominante hinabführt, die wir nicht zu suchen Ursache haben.

§ 15. Die Oberdominante wird 2. Unterdominante.

Erschien die Modulation zur Unterdominanttonart mittels Umdeutung der Tonika zur Oberdominante (§ 13) nur von untergeordnetem Werthe, weil sie zu unvermittelt, zu jäh zu Ende geht (c+ c⁷ f+), so gilt das dagegen nicht von der nun zu betrachtenden Art der Modulation zur Unterdominanttonart mittels Umdeutung der Oberdominante zur Unterdominante, und zwar darum, weil von dem letzten Glied der Kadenz der Haupttonart zu einem der ersten der neuen Tonart zurückgegangen wird, also eine erhebliche Weitung der Gesamtkadenz entsteht. Wenn auch die Unterdominanttonart nur selten zur

Gegenüberstellung gebraucht wird, so wird uns die eingehende
Betrachtung dieser Art von Modulationen doch von grossem
Nutzen sein, schon darum, weil wir sie für die Erweiterung
der § 11 nur skizzenhaft angedeuteten Form des Rückgangs
benutzen können.

Die Duroberdominante wird zur Durunterdominante umgedeutet, nicht indem wir ihr statt der Septime die Sexte bei-
geben (diese Modulation, welche nach der zweiten Oberdominante
führt, werden wir später zu würdigen wissen), sondern analog
der im vorigen § betrachteten Umdeutung der Unterdominante
zur Oberdominante durch Erniedrigung der Terz; zur Mollunterdominante wird sie, wenn auch noch die Quinte erniedrigt
wird. Die Molloberdominante ist bei all ihrer sonstigen Sprödigkeit für diese Art von Modulation sehr wohl zu verwerthen
und bedingt Erniedrigung der Prime:

$$1. \quad c^+ \quad f^6 \quad g^7 \ (c^+)$$
$$(f^+) \quad b^6 \quad c^7 \quad f^+ \qquad = c^+ \ f^6 \ g^7 \ b^6 \ c^7 \ f^+.$$

$$2. \quad c^+ \quad f^6 \quad g^7 \ (c^+)$$
$$(f^+) \quad f^{VII} \ c^7 \ f^+ \qquad = c^+ \ f^6 \ g^7 \ f^{VII} \ c^7 \ f^+.$$

$$3. \quad c^+ \quad f^6 \quad g^7 \ (c^+)$$
$$(^0c) \quad f^{VII} \ c^7 \ {}^0c \qquad = c^+ \ f^6 \ g^7 \ f^{VII} \ c^7 \ {}^0c.$$

$$4. \quad {}^0e \ a^{VII} \ e^7 \ (^0e)$$
$$(^0a) \quad d^{VII} \ a^7 \ {}^0a \qquad = {}^0e \ a^{VII} \ e^7 \ d^{VII} \ a^7 \ {}^0a.$$

$$5. \quad {}^0e \ h^{VI} \ a^{VII} \ e^7 \ {}^0e$$
$${}^0a \ d^{VII} \ a^7 \ {}^0a \qquad = {}^0e \ h^{VI} \ d^{VII} \ a^7 \ {}^0a.$$

Die Umdeutung der Duroberdominante in A-moll (e^7) zur
Durunterdominante (g^6), desgleichen die der Molloberdominante
(h^{VI}) zur Mollunterdominante in Dur (d^{VII}) würde in die Tonart
des Ganztonwechsels (D-dur) führen, welche wir schon mehrfach
anzuzweifeln Gelegenheit hatten.

§ 16. Umdeutung der Terzwechselklänge.

Die § 3 nachgewiesene Bedeutung der Terzwechselklänge der Durtonart in der tonalen Kadenz ist zwar korrekt und unanfechtbar, aber nicht umwandelbar. Schon § 12 sahen wir, dass der Terzwechselklang der Tonika zum Terzwechselklang der Unterdominante umgedeutet werden konnte; ebenso können aber sämtliche Terzwechselklänge zu wirklichen Mollakkorden umgedeutet werden und eine Reihe neuer Wege der Modulation an die Hand geben. Von diesen ist die wichtigste die Umdeutung des Terzwechselklangs der Unterdominante zur Mollunterdominante, wodurch der Weg zur Modulation in die Paralleltonart gebahnt ist:

$$c^+ \quad f^6 \quad (g^7 \ c^+)$$
$$\begin{vmatrix} \\ \end{vmatrix}$$
$$(^0e) \quad a^{VII} \ e^7 \ {}^0e$$
$$= \ c^+ \ f^6 \ a^{VII} \ e^7 \ {}^0e.$$

Diese Modulation ist besonders wirksam und beliebt mit der bereits § 6 entwickelten Zwischenharmonie: $c^+ a^7$ (!) ^0a .. $^{VII} e^7 \ {}^0e$. Ebenso kann der Terzwechselklang der Tonika direkt zur Molltonika umgedeutet werden, am besten mit Einschaltung der uns ebenfalls § 6 her bekannten Zwischenharmonie, die nichts geringeres ist als die Oberdominante der Paralleltonart $c^+ (e^7) \ {}^0e \ a^{VII} \ e^7 \ {}^0e$. Endlich kann auch der Terzwechselklang der Oberdominante direkt die Modulation beginnen:

$$c^+ \quad ..^{7<} \ (f^6 \ g^7 \ c^+)$$
$$\begin{vmatrix} \\ \end{vmatrix}$$
$$(^0e) \quad {}^0h \quad a^{VII} \ e^7 \ {}^0e$$
$$= \ c^+ \ {}^0h \ a^{VII} \ e^7 \ {}^0e.$$

Doch nicht nur diese parallelen Umdeutungen sind möglich. Der Terzwechselklang der Tonika kann zur Mollunterdominante umgedeutet werden:

$$c^+ \quad ..^6 \ (f^6 \quad g^7 \ c^+)$$
$$\diagdown$$
$$(^0h) \quad e^{VII} \ h^7 \ {}^0h$$
$$= \ c^+ \ ..^6 \ e^{VII} \ h^7 \ {}^0h$$

und

$$c^+ \; ..^6 \; (f^6 \; g^7 \; c^+) = c^+ \; ..^6 \; e^{VII} \; h^7 \; e^+.$$
$$(e^+) \; e^{VII} \qquad h^7 \; e^+$$

Umgekehrt können die Terzwechselklänge der Molltonart für die Modulation zu wirklichen Durakkorden umgedeutet werden:

1.
$$^0e \quad a^{VII} \; (e^7 \; {}^0e) = {}^0e \; a^{VII} \; (=f^6) \; g^7 \; c^+$$
$$(c^+) \quad f^6 \qquad g^7 \quad c^+$$

2.
$$^0e \quad (a^{VII} \; e^7 \; {}^0e) = {}^0e \; (=c^+) \; f^6 \; g^7 \; c^+$$
$$c^+ \quad f^6 \qquad g^7 \quad c^+$$

3.
$$^0e \quad {}^0h \; (a^{VII} \; {}^0e) = {}^0e \; {}^0h \; (=g^6) \; g^7 \; c^+$$
$$(c^+ \; f^6) \quad g^7 \quad c^+$$

4.
$$^0e \; ..^{VI} \; (a^{VII} \; e^7 \; {}^0e) = {}^0e \; ..^{VI} \; c^7 \; f^+$$
$$(f^+ \; b^6) \; c^7 \quad f^+ \qquad \text{u. s. f.}$$

Auch die Umwandlung der Durunterdominante in die zweite Oberdominante (§ 14) ist eigentlich eine solche Umdeutung eines Terzwechselklangs, sofern für die Harmoniefolgen f^6—d^7 gewiss die Umwandlung des D-mollakkordes in einen D-durakkord begriffen wird. Eine Nachbildung dieser Fortschreitung von der Tonika aus macht aus dieser die 3. Oberdominante und führt zur Modulation in die Tonart der zweiten Oberdominante:

$$c^- \; ..^6 \; (f^6 \; g^7 \; c^+) = c^+ \; c^6 \; a^7 \; d^+$$
$$(d^+ \; g^6) \; a^7 \; d^+$$

eine Modulationsformel von grosser Wichtigkeit, da sie einen Schluss zur Dominante der Dominante macht, also einen Themaeinsatz in der Dominanttonart nach sich gestattet. Für Moll ergiebt sich als Analogon dieser Modulation die Verwandlung:

$$^0e \; ..^{VI} \; (a^{VII} \; e^7 \; {}^0e) = {}^0e \; ..^{VI} \; g^{VII} \; d^7 \; {}^0d$$
$$(^0d) \; g^{VII} \; d^7 \quad {}^0d$$

welche in dieser Form selten vorkommt, wohl aber als Modulation nach der Dominanttonart der Parallele:

$$^0e \ \ ..^{VI} \ (a^{VII} \ e^7 \ ^0e) \qquad = \ ^0e \ ..^{VI} \ g^{VII} \ d^7 \ g^+$$
$$(g^+) \ g^{VII} \qquad d^7 \quad g^+$$

häufig Bedeutung erlangt. Selbst der der Molltonart eigene
Tritonusschritt vom Akkord der neapolitanischen Sexte
($^0a^{2>}$) zur Duroberdominante (e^7) kann von den Terzwechselklängen der Molltonart, sowie auch von den Hauptklängen der
Durtonart aus nachgeahmt werden:

1. $^0e \quad a^{VI} \ (e^7 \ ^0e)$
$\qquad\qquad |$ $\qquad = \ ^0e \ f^+ \ h^7 \ ^0h \ (oder \ e^+)$
$(^0h) \ ^0e^{2>} \ h^7 \ ^0h$

2. $^0e \ \ ..^{VI} \ (a^{VII} \ e^7 \ ^0e)$
$\qquad\qquad |$ $\qquad = \ ^0e \ c^+ \ fis^7 \ ^0fis \ (h^+)$
$(^0fis) \ ^0h^{2>} \ fis^7 \ ^0fis$

3. $c^+ \quad f_3 \ (g^7 \ c^+)$
$\qquad\qquad |$ $\qquad = \ c^+ \ f^+ \ h^7 \ ^0h \ (e^+)$
$(^0h) \ ^0e^{2>} \ h^7 \ ^0h$

4. $c^+ \ ..^{7<} \ (.^6. \ f^6 \ g^7 \ c^+)$
$\qquad\qquad |$ $\qquad\qquad = \ c^{+} \ ..^{7<} \ fis^7 \ ^0fis \ (h^+)$
$(^0fis) \ ^0h^{2>} \ fis^7 \quad ^0fis$

In allen vier Fällen kann die Modulation auch nach dem
Durakkord desselben Grundtons gelenkt werden, denn wie der
Durtonart die Mollunterdominante zur Verfügung steht, so kann
sie auch deren Vorhaltsgestalt, eben den Akkord der neapolitanischen Sexte einführen.

§ 17. Modulation durch weitere Harmonieschritte.

Eine Beobachtung drängt sich uns bei Betrachtung aller
weiter ausholenden Harmonieschritte auf, nämlich, dass dieselben
zur Modulation nach einem der übersprungenen Klänge hindrängen, und zwar nach einem, der dem zweiten nächstver-
wandt ist. Es bedarf daher bei Schritten wie $f^+ \ h^7$ gar nicht
der Septime, um den zweiten Akkord als Oberdominante zu

charakterisieren, da das h^+ ohnehin auf ^0h oder e^+ hinweist; ebenso bedarf die Folge g^7 — f^{VII} der Septime beim zweiten Klange, da ohnehin ^0f nach g^+ auf f^+ oder ^0c zurückweist. Diese Wahrnehmung benimmt unsern bisherigen Nachweisen nichts von ihrem Werthe und stellt die Verbindlichkeit der Beziehung auf die tonalen Kadenzen nicht in Frage. Unternehmen wir z. B. den Gegenganztonwechsel, den wir bisher nur als Umwandlung der Unterdominante in die zweite Oberdominante oder umgekehrt der Oberdominante in die zweite Unterdominante kennen, von der Tonika aus, so sehen wir allerdings mit Hülfe des obigen Fingerzeigs schneller, wohin er uns führt, das volle Verständniss kann sich uns aber doch immer erst wieder durch die Auffassung der stattfindenden Umdeutung erschliessen:

$$c^+ \ b^{VII} \ (f^7) \ ^0f \ = \ c^+$$
$$(b^+) \qquad\qquad |$$
$$c^7 \ (^0c)$$
$$/$$
$$(^0f) \ b^{VII} \ f^7 \ ^0f.$$

oder: $(b^+) \ b^{VII} \ f^7 \ b^+.$

$$^0e \ fis^7 \ h^+ \ = \ ^0e$$
$$|$$
$$e^{VII} \ (^0h)$$
$$/$$
$$(h^+ \ h^{VII}) \ fis^7 \ h^+$$

oder: $(^0fis \ h^{VII}) \ fis^7 \ ^0fis$

d. h. c^+ und ^0b rücken einander zunächst nahe, indem jenes Oberdominant-, dieses Unterdominantbedeutung annimmt und ebenso treten ^0e und fis^+ näher aneinander, indem jenes als Unter- dieses als Oberdominante gefasst wird, wie wir beide Schritte § 14—15 zuerst fanden. Es hängt auch thatsächlich vom Willen des Tonsetzers, oder vielmehr von der metrisch-rhythmischen Form, in welche er solche Folgen giesst, ab, ob die Unterdominantbedeutung des einen, oder die Oberdominantbedeutung des andern Klanges die Tonart bestimmen soll, zu der wirklich geschlossen wird, korrekt ausgedrückt: die Folge c^+ (Tonika) — b^{VII} bedingt für c^+ Oberdominant- und für b^{VII} Unterdominantbedeutung, so dass es fraglich bleibt, welcher von den zwischen beiden liegenden, ihr Verständniss vermittelnden Klängen ^0c, f^+, ^0f, b^+ Tonika werden soll; jedenfalls muss nach dem Schritt c^+ — b^{VII} erst noch die § 15 aufgewiesene Umdeutung erfolgen. Gleichermassen bedingt ^0e (Tonika) — fis^7 zwei Umdeutungen, zunächst muss ^0e Unterdominantbedeutung erhalten; ob aber von dieser Unterdominante aus oder von der Oberdominante fis^7 aus die neue Tonika bestimmt wird, hängt vom Rhythmus ab. Soll bei c^+ — b^{VII} die Oberdominantbedeutung von c^+ zur Geltung kommen, so ist b^{VII} zweite Unterdominante, soll die Unterdominantbedeutung von b^{VII} zur Geltung kommen, so wird c^+ zweite Oberdominante; ebenso wird bei ^0e — fis^7, wenn die Unterdominantbedeutung von ^0e zur Geltung kommen soll, fis^7 zweite Oberdominante, im Fall aber fis^7 als Oberdominante abschliessen soll, ^0e zweite Unterdominante, z. B.:

§ 18. Rückblick.

Die bereits ziemlich angewachsene Zahl modulierender Harmoniefolgen lässt sich in einige wenige leicht übersehbare Gruppen zerlegen:

§ 18. Rückblick. 109

1) solche, bei denen ein Dur- oder Mollakkord durch Annahme eines charakteristischen Zusatztones seine Bedeutung als Tonika, Ober- oder Unterdominante wechselt:

$$c^{+}\ [\text{Ton.}] - c^{6}\ [\text{U.-D.}];\quad c^{+} - c^{7}\ [\text{O.-D.}];\quad {}^{0}e\ [\text{Ton.}] - e^{\mathrm{VII}}\ [\text{U.-D.}];$$

2) solche, bei denen ein Mollakkord durch Erhöhung der Terz in einen Durakkord, oder ein Durakkord durch Erniedrigung der Terz in einen Mollakkord verwandelt wird, wobei er natürlich ebenfalls seine Bedeutung wechselt:

$$c^{+}\ [\text{Ton.}] - g^{\mathrm{VII}}\ [\text{U.-D.}];\quad {}^{0}e\ [\text{Ton.}] - a^{7}\ [\text{O.-D.}];\quad {}^{0}e\ [\text{Ton.}] - a^{6}\ [\text{U.-D.}];$$

3) solche, bei denen ein Dur- oder Mollakkord in seinen Terzwechselklang umgedeutet wird:

$$f^{6}\ [\text{U.-D.}] - a^{\mathrm{VII}}\ [\text{U.-D.}],\quad c^{+}\ [\text{Ton.}] - e^{\mathrm{VII}}\ [\text{U.-D.}];$$

4) solche, bei denen ein Dur- oder Mollakkord durch chromatische Veränderung eines anderen Tones als der Terz, resp. durch chromatische Veränderung mehrerer Töne in einen anderen verwandelt wird:

$$f^{\overset{6}{1<}} = d^{7},\quad c^{\overset{6}{1<}} = a^{7},\quad e^{\overset{\mathrm{VI}}{\mathrm{I}>}} = g^{\mathrm{VII}},\quad h^{\overset{\mathrm{VI}}{\mathrm{I}>}} = d^{\mathrm{VII}},\quad c^{\overset{\mathrm{VII}}{\mathrm{III}<}}_{\mathrm{V}<} = d^{7},$$

$$e^{\overset{7}{5>}}_{3>} = d^{\mathrm{VII}};$$

5) solche, die entfernt verwandte Klänge nach einander bringen, welche eine Vermittelung und Umdeutung des Ausgangsklanges bedingen: $b^{+}\ (= {}^{0}a^{2>}) - e^{7}$, von beliebigen Kadenzmomenten aus, jedesmal dem Anfangsklang Unterdominantbedeutung gebend, ferner:

$$ {}^{0}e\ [\text{U.-D.}] - \text{fis}^{7}\ [\text{O.-D.}],\quad c^{+}\ [\text{O.-D.}] - {}^{0}b\ [\text{U.-D.}].$$

Halten wir uns diese fünf Möglichkeiten stets gegenwärtig, so kann es uns, wenn wir uns nun dem praktischen Zwecke der Modulation in eine bestimmte Tonart zuwenden, nicht an Mitteln und Wegen fehlen; unsere Hauptaufgabe wird nun sein, die rhythmischen Bedingungen, unter denen die aufgewiesenen Wege wirklich zur Modulation führen, uns praktisch geläufig zu machen.

Als Vorübung, überhaupt um eine sichere Beherrschung der Modulationswege zu garantieren, sind die in diesem Kapitel entwickelten modulierenden Kadenzen in eine grössere Zahl von Tonarten zu transponieren; es wird sich da vielfach die enharmonische Umschreibung nothwendig machen, die nicht mit der enharmonischen Umdeutung zu verwechseln ist. Uebertragen wir z. B. die Kadenz c^+ ..$^{7<}$ fis^7 h$^+$ nach H-dur, so würden wir ohne enharmonische Umschreibung nach Ais-dur gerathen (h$^+$ ..$^{7<}$ eis^7 ais$^+$). Wir werden also statt eis^7 lieber f^7 schreiben: h$^+$ ..$^{7<}$ f^7 b$^+$. Für den figurierten Satz entstehen freilich in solchen Fällen fast immer Missstände, z. B.:

Soll man schreiben wie bei a) oder wie bei b)? Die letztere Schreibweise hat das für sich, dass das offenbar zum a hinüberleitende b korrekt geschrieben ist, also die enharmonische Umschreibung an einer Stelle eintritt, wo ein Durchgangston aus einem Akkordton heraustritt; dadurch entsteht aber der Uebelstand, dass wir b zum H-durakkord zu lesen haben. Deshalb möchte ich ein- für allemal empfehlen, bei enharmonischen Umschreibungen stets mit allen Stimmen gleichzeitig in die veränderte Schreibweise umzuspringen.

Jene berühmte Stelle in Beethovens op. 109, welche mit dem Gleichklang des kleinen Terznonenakkordes mit verminderter Quint (fis$^{9>}_{5>}$) und dem Durseptimenakkord (c^7) ein geistreiches Spiel treibt, indem sie jenem die Durchgangstöne dieses giebt, wäre ohne enharmonische Umschreibung des c e g ais in c e g b (damit f a als Durchgangstöne erscheinen können) gar nicht zu schreiben und zu lesen. Beethoven schrieb sie so, wie sie am leichtesten zu lesen ist, allenfalls hätte er die Umschreibung bis auf die Taktmitte vorschieben können:

Ein weiteres Eingehen auf diese Orthographie-Frage ist
nicht nöthig; der gegebene Fingerzeig wird über alle Scrupel
hinweghelfen. Ich will aber nicht unterlassen, auf die Fülle
bestrickender Wirkungen hinzuweisen, welche durch solche
momentane Ausnutzungen der Mehrdeutigkeit gewisser Harmonien zu erzielen sind: dagegen warne ich ernstlich vor dem
Verirren in die eigentliche enharmonische Modulation, d. h.
diejenige, welche den Faden verliert und willkürliche Tonarten-
verbindungen durch gleichklingende aber verschieden aufzu-
fassende Harmonien bewerkstelligt, wie etwa ^0e $e^{9>}$ ($\approx$ $\flat^{9>}$)
es^+ oder as^+ $ss^{\mathrm{IX}<}$ ($\approx$ $e^{9>}$) ^0e u. dgl., die nur gebilligt werden
können, wenn schleunigst eine Rückdeutung erfolgt, z. B. ^0e
$e^{9>}$ ($\flat^{9>}$) es^+ ($\approx$ dis^+) h^7 e^+ und as^+ $ss^{\mathrm{IX}<}$ ($\approx$ $e^{9>}$) ^0e ($\approx$ ^0fes)
es^7 as^+ u. s. f.

VI. Kapitel.

Die Modulation in die Tonart des zweiten Themas.

---

§ 19. Rhythmische Struktur.

Bereits in § 1 wurde darauf hingedeutet, dass die Haupt-
gedanken eines Tonstückes, die sogenannten Themen, sich der
Auffassung durch die strenge Symmetrie ihres Aufbaues bemerklich machen, während die zwischen die Themen sich ein-
schiebenden Uebergangs- und Durchführungsparthien meist
rhythmisch loser und unregelmässiger gefügt sind, Wieder-
holungen und Dehnungen etc. bringen, so dass der Wiedereintritt eines Themas sich auch durch die schärfere rhyth-

mische Zeichnung wieder gegen die Zwischenglieder abhebt. Freilich lässt sich nicht ein Typus als Norm aufstellen, auch die Unterscheidung einer kleinen Zahl Haupttypen würde das Rechte nicht treffen. Oft genug nimmt der Componist von thematischem Bilden aus einen breitern Anlauf, der die Absicht des Uebergangs zur Modulation in die Tonart des zweiten Themas errathen lässt, macht aber statt dessen einen Halbschluss auf der Dominante, um noch einmal den Anfang des ersten Themas aufzubauen, diesmal aber schnell nach der Tonart des zweiten Themas einlenkend. So macht es z. B. Beethoven in den ersten Sätzen in Op. 22 und Op. 31, I., in ersterem ist der Aufbau (die Tacte als $\mathbf{C}$ der Notirung entsprechend gezählt) $1 + 1 + 2 \| + 2 + 2 \| + 1 + 1 + 1$ (Halbschluss, sodann mit einem in höherer Ordnung schweren Takt einsetzend:) 4. Takt $+ 4$ (Halbschluss auf der Dominante der Dominante) $+ 2 + 2 + \frac{1}{2} + \frac{1}{2}$; nun folgt der Quasi-Rückgang von der zweiten Oberdominante zur ersten (mittels Umdeutung c^+ in c^7) und Festsetzung der neuen Tonart in einer ausführlichen Kadenz der Struktur: 2. Takt $+ 2 + 6$ (mit einer starken Dehnung in der Mitte auf den Dominantenakkord des Terzwechselklangs der Unterdominante (d^7) der statt $\frac{1}{4}$ durch $2\frac{1}{4}$ Takt festgehalten wird). Hiernach folgt erst der eigentliche Kern des 2. Themas, aufgebaut als $1 + 1 + 2 + 4$ (zweimal, das zweite Mal mit Trugschluss und Ueberleitung in den Schlusstheil).

Die ganze Modulation liegt hier in den vier Takten nach dem ersten Halbschluss:

d. h. sie wendet sich durch Verwandlung von b⁺ (Tonika) in
g⁷ (Oberdominante) nach der Tonart der zweiten Oberdominante,
doch wird der erste Schluss durch die Dominante (g⁷) verzögert
und nimmt noch obendrein die Trugwendung, wie sie die Quintwechseltonart eignet (worauf schon das as im vorhergehenden
Takt vorbereitet), sodass der angehängte bestätigende oder
rektificirende Schluss sich erst wieder aus der Quintwechseltonart herauszuarbeiten hat. d⁷ ist nur Zwischenharmonie zur
Molloberdominante (⁰d), c⁺ ebenso zur Unterdominante, die aber
mit erhöhter Terz (dorische Sexte) auftritt, die als wirkliche
Durunterdominante zum Schluss nach c⁺ benutzt wird. Ohne
Frage ist es nur das durch den ersten streng tonalen Aufbau
wohl gestärkte Tonalitätsgefühl, was durch dieses scheinbare C-moll
den Weg zum C-dur und F-dur weist. Denn trotz der gehäuften
Schlüsse in C-dur (2 zweitaktige und 2 halbtaktige) verleiht
das Verhältniss der erreichten neuen Tonika (c⁺) zur alten (b⁺)
ersterer die Bedeutung einer Dominante. Der Ganztonschritt der
Tonalität weist mit zwingender Kraft auf den übersprungenen
schlichten Quintklang. Diese Form der Modulation, die Be-
wirkung eines mehr oder minder verstärkten Schlusses auf der
Dominante der Tonart, in welcher das zweite Thema gebracht
werden soll, ist weitaus die häufigste, nicht nur wenn die
Oberdominanttonart das Endziel ist, sondern ebenso in allen
anderen Fällen. Ebenfalls sehr häufig ist der Halbschluss in der
Tonart des zweiten Themas, besonders in minder gross angelegten Sätzen, seltener der direct bewirkte Ganzschluss in
der Tonart des zweiten Themas ohne vorgängigen Halbschluss
auf die Dominante. Nicht völlig logisch ist, wenn das zweite
Thema in der Oberdominanttonart steht, der Halbschluss in
der Haupttonart; denn der Halbschluss lässt stets den Fortgang
in derselben Tonart erwarten.

Die vereinzelten Fälle des Vorkommens dieser Konstruktion
z. B. bei Beethoven Op. 49, No. II. und bei Mozart in der „Sonate
facile", und auch sonst öfter sind nicht zur Nachahmung zu empfehlen; in beiden erweist sich bei der Wiederkehr der Themen nach
der Durchführung, wo nach demselben Halbschluss in der Haupttonart fortgefahren wird, das Unnatürliche jener ersten Verknüpfung:

Beiläufig sei darauf hingewiesen, dass Mozart in diesem
Satze ganz abnormer Weise die Wiederkehr des ersten Themas
in der Unterdominanttonart bringt (F-dur); anstatt aber ebenso
wie vor der Reprise fortzufahren, d. h. nach einem Halbschluss
auf der Dominante von F-dur das zweite Thema in C-dur zu
bringen, lenkt er durch transponierte Wiederholung zweier Takte
nach C-dur zurück und macht in diesem den Halbschluss, gewiss
zum Vortheil des Satzes.

Ein Blick auf die Litteratur (man nehme nur z. B. Mozarts
und Beethovens Sonaten zur Hand) zeigt, dass zufolge der grossen
Variabilität in der Ausdehnung der einzelnen Themen sowohl wie
der Ueberleitungsgruppen und durch Schlussanfänge eine genaue
Bestimmung des rythmischen Maasses weder für die Themen noch
für die Durchführungen möglich ist. Doch bleibt, was wir über die
Grösse der noch etwa mit Sicherheit zu verfolgenden Symmetrien
(8 + 8) erkannt haben, zu Recht bestehen. Selbst 16taktige

Bildungen zerfallen weitaus in der Mehrzahl der Fälle in zwei
Theile, die nicht nur durch einen Schluss als Halbschluss des
ersten scharf von einander gesondert sind, sondern die sich
auch merklich unterscheiden, wie z. B. die ersten Themen in
Mozart's Sonaten

(bei letzterer Verschränkung des 8. Taktes der ersten Periode
mit dem 1. Takt der zweiten), ferner

u. a.

Diese Unterscheidbarkeit mehrerer selbstständigen Gruppen
innerhalb desselben Themas macht es doch nicht selten schwer,
den eigentlichen Hauptkern eines Themas zu bestimmen; es
liegt nahe, dabei an den Unterschied von Kern und Kernhülle
bei Obst und Nüssen zu denken — gewiss kann man niemand
verargen, wenn er beim Apfel über das Fleisch die Kerne
vergisst, obgleich jenes nur wegen dieser da ist. Als charakteristische Merkmale des eigentlichen thematischen Kerns erkannten wir das kristallische Bilden (Formel: $1 + 1 + 2 + 4$).
Tritt dieses offenkundig und unzweideutig mit neuem moti-
vischen Material hervor, so hilft kein theorethisches Bedenken,
keine Berufung auf die Vorschriften der Formenlehre gegen
die Wahrnehmung, dass ein Thema vor uns steht. Werfen wir
z. B. einen Blick auf Beethovens Op. 10, III., so tritt uns
als erstes Thema entgegen:

Nach diesem Schluss setzt der Anfang noch einmal an, überbietet aber den Halbschluss auf a^7 durch einen in zwei angehängten Takten bewirkten auf fis^7. Dadurch wird der Terzwechselklang der Tonika in den Vordergrund gestellt und zunächst wirklich Tonika; denn die folgenden Takte präsentiren sich als eine wirkliche neue Themagruppe — man könnte sie Zwischenthema nennen:

Der 4 taktige Nachsatz beginnt ebenso und moduliert nach Fis-moll; nun folgen grössere Linien ohne Anspruch auf thematische Geltung:

$$cis^7 \mid \;.\,. \mid \;^0cis \mid \;.\,. \mid e^7 \mid \;.\,. \mid a^+ \mid \;.\,. \mid d^6 \mid \;.\,. \mid e^7 \mid \;.\,. \mid a^+ \mid cis^7 \mid$$

$$^0cis \mid h^7 \mid e^+ \mid e^7 \mid a^+ \mid d^6\ h^7 \mid e \mid e^7 \mid a,$$

d. h. die durch zwei Takte festgehaltenen Harmonien beanspruchen für ihre Einsetzzeit den schweren Takt, sodass ein leichter zu Anfang ausfällt: auf dem 16. Takt erfolgt statt des längst erwarteten Abschlusses in A-dur nochmals ein Trugschluss in ^0cis, sodass nochmals eine Periode von 8 Takten möglich wird. Blicken wir auf diese ganz mustergiltige Modulation zurück, so erscheint selbst der Stillstand auf H-moll schon als Station der Modulation nach der Oberdominanttonart, denn wir wissen, dass die Umwandlung von d^+ in ^0fis (d^6) den Gedanken nahe legt, dass d^+ Unterdominante werden soll. Das eigentliche zweite Thema setzt den leichten Takt elidirend mit dem schweren ein:

Dieser Gedanke setzt noch einmal an, aber in A-moll statt A-dur und bricht in der Mitte des Nachsatzes (auf dem 6. Takt) ab; der eingeschobene Takt Pause zählt nicht, sondern ist nur starke Cäsur, denn die folgende, sich wiederum thematisch geberdende Bildung (deren Unterstimme jedoch dem 1. Thema entnommen ist, sodass sie bereits als Durchführung bezeichnet werden muss) baut sich, mit dem leichten Takt beginnend, symmetrisch auf. Der lange Schluss des ersten Theils ist durchweg aus motivischem Material des ersten Themas aufgebaut, hält aber die Tonart des zweiten Themas (A-dur) fest, indem er nur einmal eine langathmige, sehr weit ausholende Kadenz macht, deren Inhalt eine modulirende Sequenz (worüber weiter unten mehr) ist, die bis zu der für A-dur möglichen Form des Akkords der neapolitanischen Sexte (b^+) fortschreitet und dann über die Oberdominante schliesst:

$$a^+ \ e^7, \ a^7 \ d^+, \ g^7 \ c^+, \ a^7 \ {}^0a, \ f^7 \ b^+ \ e^7 \ a^+.$$

Die verkürzten Schlusswiederholungen entsprechen ungefähr der Umkehrung des für den ersten Themenaufbau massgebenden Schemas ($4 + 2 + 1 + 1$), sofern sie erst fünf viertaktige Schlüsse bringen, sodann drei zweitaktige, endlich als Rückgang (a^7) vier eintaktige. — Es versteht sich, dass der Analyse, welche ich in diesem Buche auf ein Minimum beschränken muss, die Aufgabe zufällt, die Modulationslehre durch die praktische Handhabung seitens der Klassiker zu illustriren. In meinen Phrasirungsausgaben, besonders den neuesten, welche die schweren Takte bezeichnen, ist ein gut Theil Vorarbeit für die Analyse geleistet, ich bitte deshalb, dieselben für die analytischen Uebungen zu benutzen.

§ 20. Die Modulation zur Tonart der Oberdominante.

Durch den vorigen Paragraph hat sich unser Gesichtskreis wieder wesentlich erweitert. Wir haben eingesehen, dass es

für ein zeitweiliges Aufgeben der Haupttonalität stärkerer Mittel
bedarf als einer einfachen Kadenz, die aus der alten in die
neue Tonart hinüberschliesst, vielmehr erkannten wir, dass es
eines Hinweggehens über die angestrebte Tonart hinaus bedurfte,
wenn wir in dieser wirklich festen Fuss fassen wollen. Die
Festsetzung in der Tonart der Dominante bedingt erst ein
vorläufiges Festsetzen in der Tonart der zweiten Dominante,
sodass von dieser aus der Uebergang in die Tonart der ersten
Dominante als ein Rückgang erscheint. Das ist der Grund,
weshalb wir vor allen Modulationen zuerst den Rückgängen
Beachtung geschenkt haben (§ 11). Wir können eine solche
über das Ziel hinaus greifende und dadurch dasselbe sicher
erreichende Modulation als eine grossartige Erweiterung einer
einfachen modulierenden Kadenz ansehen, die von der Tonika
aus über eine Dominante einer anderen Tonart nach der Tonika
schliesst, d. h. die Tonartenfolge

C-dur — D-dur — G-dur

ist im Grunde nur eine grossartige Auseinanderlegung der
Harmoniefolge c^+ — d^7 — g^+.

Unsere nächste Aufgabe ist nun, zu untersuchen, wie
wir aus der Haupttonart in die Tonart der Dominante der
Dominante gelangen. Vorerst handelt es sich immer wieder um
direkte Wege. Umwege zu machen, haben wir zum Theil schon
gelernt (§ 3—8), theils werden wir weiter unten neue Mittel der
künstlichen Verlängerung der Modulation zu untersuchen haben.
Halten wir an der bisher befolgten Methode fest, so wird
es sich darum handeln, aus der Kadenz der Haupttonart durch
Umdeutungen mit oder ohne chromatische Veränderungen oder
auch durch weiter ausholende Harmonieschritte (§ 17) in die
Kadenz der Tonart der zweiten Oberdominante überzuspringen.
Unsere bisherigen Erfahrungen weisen uns dahin eine grössere
Zahl von Wegen. Vergleichen wir zunächst die reinen Systeme
der drei Hauptklänge:

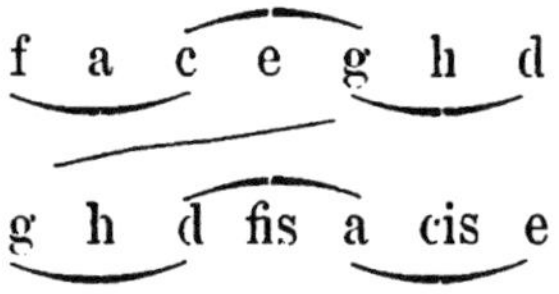

so finden wir nur einen Klang beiden gemein: g^+, das in C-dur
Oberdominante und in D-dur Unterdominante ist. Das einfache
Ueberspringen aus der fast beendeten C-dur-Kadenz in die
kaum begonnene D-dur Kadenz:

$$\begin{array}{c} c^+ \ f^6 \ g^7 \ (c^+) \\ \diagup \\ (d^+) \ g^6 \ a^7 \ d^+ \end{array} \ = \ c^+ \ f^6 \ g^7 \ (= g^6) \ a^7 \ d^+.$$

hat aber doch sehr sein Bedenkliches; so direkt nach f^6 ist
ein wirksames Umdeuten von g^7 in g^6 kaum möglich, allzube-
stimmt erwarten wir bereits den Abschluss nach c^+, als dass
uns das statt f substituirte e als etwas anderes als etwa ein
Durchgangston (innerhalb g^7) oder allenfalls eine Anticipation
(aus c^+) erscheinen könnte. Sollen wir also die Umdeutung der
Oberdominante g^+ in g^6 als Unterdominante aufzufassen geneigt
sein, so darf vor allem nicht die Unterdominante f^6 gerade voraus-
gehen und auch die Septime f werden wir nicht erst bringen,
da ihre charakterisierende Bedeutung ein Haupthinderniss für
die Umdeutung ist. Mit andern Worten, wir werden der Oberdominante vielmehr gleich die Gestalt geben, in welcher sie
als Unterdominante im D-dur charakteristisch auftritt, als Sextakkord mit oder ohne Quinte. Der Terzwechselklang der Oberdominante (^0h) wird daher ganz besonders geeignet sein, die
Modulation einzuleiten; wollen wir ihn nachdrücklich einführen,
auch die Rolle vorbereiten, die ihm zugedacht ist, so werden
wir ihm seine Oberdominante (ev. deren Terznonenakkord) oder
Mollunterdominante vorausschicken, d. h. wir gewinnen die
Kadenzen:

$$c^+ \left\{ \begin{array}{l} e^{VII} \\ h^7 \end{array} \right. {}^0h \ (= c^{7\smile}) \ \text{etc.} \qquad = c^+ \left\{ \begin{array}{l} e^{VII} \\ h^7 \end{array} \right. {}^0h \ (= g^6) \ a^7 \ d^+$$
$$\diagup$$
$$(d^+) \ g^6 \ a^7 \quad d^+$$

Erinnern wir uns ferner, dass die Durtonart jederzeit die
Mollunterdominante benutzen kann, so finden wir in der Verwandlung der Oberdominante in einen Mollakkord ein neues
vorzügliches Mittel der Umdeutung:

$$\begin{array}{l} c^+ \ (f^6) \ g^{+-} \ \text{etc.} \\ \diagup \qquad\qquad\quad = c^+ \ g^+ \ d^{VII} \ a^7 \ d^+ \\ (d^+) \ d^{VII} a^7 \ d^{+-} \end{array}$$

Immer wieder sei dabei darauf hingewiesen, dass wir den Quartsextakkord als eine selbstverständlich immer mögliche und immer wirksame Form der Oberdominante betrachten, d. h. dass hier a^7 zugleich mit $a \overset{6}{\underset{4}{.}} {}^7.$ bedeutet, ebenso wie wir a^{9-} und dergleichen Formen nicht besonders aufführen.

Mit Hülfe einer chromatischen Veränderung ist ferner die Tonika der alten in die Oberdominante der neuen Tonart zu verwandeln:

$$\begin{array}{l} c^+ \ (f^6 \ g^7 \ c^+) \\ \overline{} \qquad = c^+ \ a^7 \ d^+ \\ (d^{+-} \ g^6) \ a^7 \ d^{+-} \end{array}$$

Dabei sei daran erinnert, dass wenn c^+ in a^+ umgedeutet werden soll (§ 16), für ersteres die Gestalt c^6 resp. oe das Verständniss erleichtert; desgleichen vergesse mann nicht, dass es stets rathsam ist, diejenige Harmonie, die man umdeuten resp. chromatisch verändern will, durch Stellung auf einen rhythmisch schweren Zeitwerth (schweren Takt, Taktanfang) in den Vordergrund zu rücken.

Von weiter ausholenden Schritten kann ausser den hier schon aufgewiesenen zur Modulation benutzt werden:

der Tritonusschritt von der Tonika aus, welcher dieser die Bedeutung des Akkords der neapolitanischen Sexte giebt, d. h. von C-dur nach H-moll oder H-dur führt; ersteres ist dann als d^6 zu behandeln, d. h. über $g^6 \ a^7 \ d^+$ weiterzuführen; letzteres führt nach ^0h, das als g^6 über a^7 nach d^+ schliesst:

$$\begin{array}{l} c^+ \qquad (f^6 \ \text{etc.}) \\ \diagup \\ (^0fis) \ {}^0h^{2-} \ fis^7 \ {}^0fis \\ \qqu\qquad \mid \qquad\qquad\qquad = c^+ \ fis^7 \ {}^0fis \ g^6 \ a^7 \ d^{+-} \\ d^+ \ ..^6 \ g^6 \ a^7 \ d^{+-} \end{array}$$

$$\mathrm{c^{+}} \ (\mathrm{f^{6}} \ \text{etc.})$$

$$(\mathrm{h^{+}} \quad {}^{0}\mathrm{h^{2>}} \ \mathrm{fis^{7}} \ \mathrm{h^{+-}}$$

$$\mathrm{d^{+}} \ \mathrm{h^{7}} \ {}^{0}\mathrm{h} \ \mathrm{a^{7}} \ \mathrm{d^{+}} \qquad = \ \mathrm{c^{+}} \ \mathrm{fis^{7}} \ \mathrm{h^{7}} \ {}^{0}\mathrm{h} \ \mathrm{a^{7}} \ \mathrm{d^{+}}$$

mit Terznonenakkorden: $\mathrm{c^{+}} \ \mathrm{fis^{9>}} \ \mathrm{h^{9>}} \ {}^{0}\mathrm{h} \ \mathrm{a^{7}} \ \mathrm{d}$ oder auch indem ${}^{0}\mathrm{fis}$ durch seine Molloberdominante vorbereitet wird: $\mathrm{c^{+}} \ \mathrm{h^{VII}} \ {}^{0}\mathrm{fis} \ \mathrm{g^{6}}$ (oder $\mathrm{d^{VII.}}$) $\mathrm{a^{7}} \ \mathrm{d^{+}}$.

Beispiele:

A. Schluss auf der zweiten Dominante.

1. Beethoven op. 14, I.

2. Derselbe op. 9.

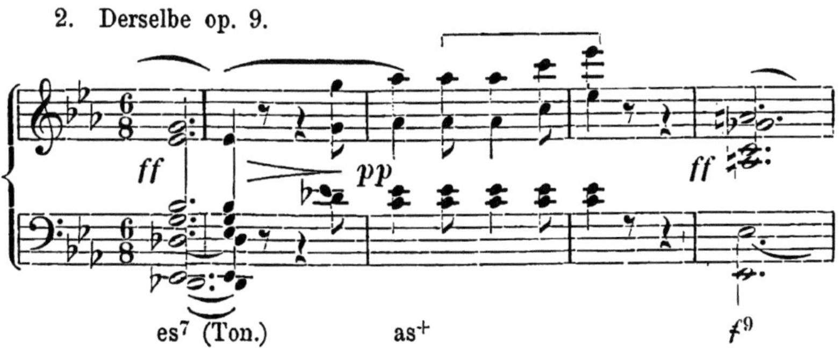

3. Derselbe, Eroica.

4. Mozart, Sonate D-dur (Köchel 282).

B. Ganzschluss auf der ersten Dominante.

1. Beethoven, op. 14, I. Rondo.

2. Beethoven, op. 78.

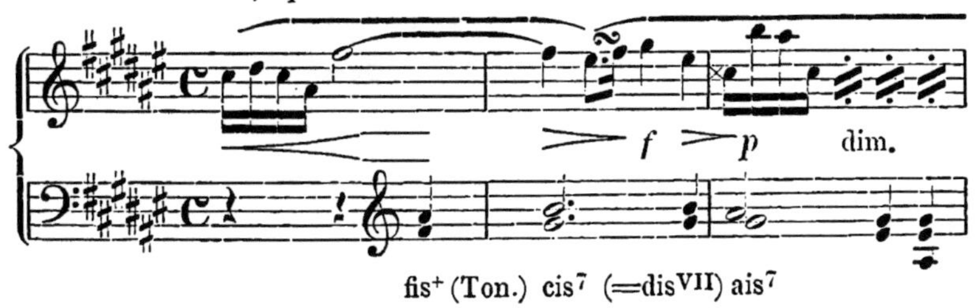

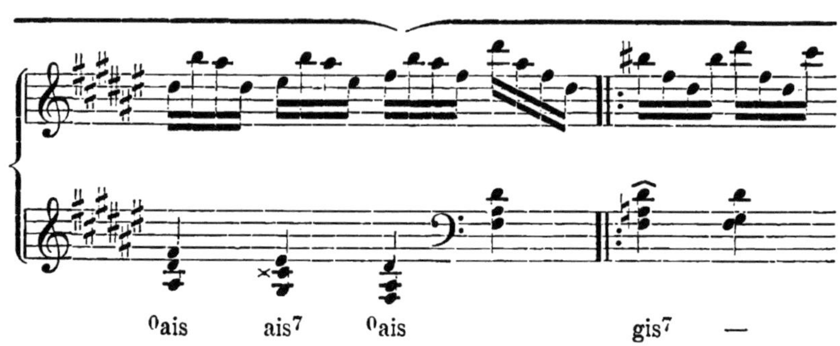
⁰ais   ais⁷   ⁰ais   gis⁷   —

—   —   —   —   —   —

cis⁺   dis⁹⁻

tr
5⁻   gis⁷   cis⁺

3. Mozart, Sonate C-dur (Köchel 279).

C. Halbschluss in der Dominanttonart.

1. Mozart, Sonate C-dur (Köchel 330), letzter Satz.

2. Mozart, Sonate D-dur ⁴⁄₄ (Köchel 333) Finale.

D. Halbschluss auf der Dominante der Haupttonart.

Beispiele s. oben S. 114; vgl. auch Mozarts Sonaten C-dur ²⁄₄ (Köchel 330) 1. Satz, F-dur ³⁄₄ (Köchel 280), C-dur ⁴⁄₄ (Köchel 309) im letzten Satz, B-dur ⁴⁄₄ (Köchel 333 in Andante) u. s. w.

Die Modulation von einer Molltonart nach ihrer Dominante unterscheidet sich nur wenig von den nachgewiesenen Durmodulationen. Der Schüler vergleiche die obigen Kadenzen und ändere sie um durch Substituierung der Molltonart als Ausgangstonart; es ist leicht ersichtlich, dass die Zahl der chromatischen Veränderungen dabei zunimmt, (^{0}g—a^7), auch vergesse man nicht die Möglichkeit der Einführung des Akkords der neapolitanischen Sexte in die Tonart der zweiten Dominante (es$^+$ [Terzwechselklang der Molltonika ^{0}g] — a^7 — d$^+$). Wie wir wissen, bringen Sätze in Moll gewöhnlich das zweite Thema nicht in der Dominante, sondern in der Parallele; nur ausnahmsweise erscheint das zweite Thema eines Mollsatzes in der Molloberdominante

z. B. bei Beethoven in den Sonaten Op. 31, II. (D-moll) und Op. 90. In ersterer modulirt Beethoven einfach vermittels des Schrittes ^{0}a (Tonika) e^7 nach A-moll hinüber, schiebt aber durch sequenzartige Sekundsteigerung eine Schlusswirkung hinaus, erreicht vielmehr mittels des Schrittes ^{0}e—$h^{9>}$ einen Schluss auf e$^+$, der natürlich als Halbschluss wirkt. Diese Modulation ist also eigentlich eine successive, erst zur Dominante, dann zur zweiten Dominante fortschreitende, worüber weiterhin mehr. Im letzten Satze derselben Sonate, der ebenfalls das 2. Thema in der Molloberdominante bringt, wendet sich der Meister über C-dur zum Schluss auf e$^+$ (^{0}a [= f^6] — g^7 c$^+$; c$^+$ f^6 — h$^7_{5>}$ e$^+$). In Op. 90 macht Beethoven direkt einen Ganzschluss in der neuen Tonart und zwar mittelst Verwandlung der Unterdominante ^{0}e in die neue Oberdominante fis^7. Dabei treibt er das bereits § 18 aus Op. 109 aufgewiesene feine Spiel mit der enharmonischen Doppeldeutigkeit. Ais, den für die Folge ^{0}e fis^7 wichtigsten Ton, setzt er zunächst an, (als B geschrieben) und läuft glatt durch seine Durskala (als B-dur geschrieben), ehe er seinen harmonischen Sinn verräth:

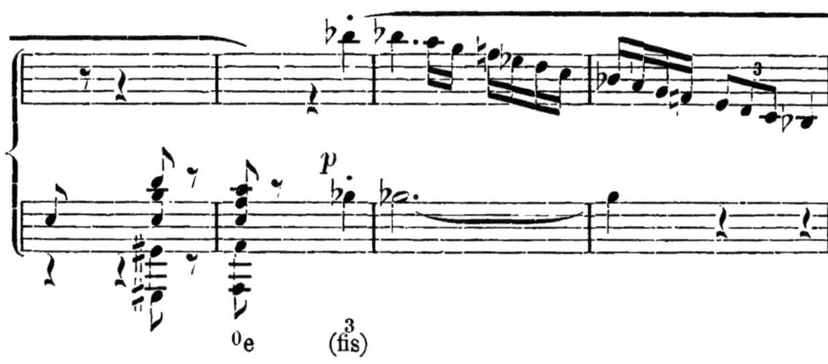

Als Beispiel der seltenen und nicht zu empfehlenden Gegenüberstellung der Molloberdominanttonart einer Durtonart sei der letzte Satz aus Mozarts Sonate F-dur ³/₄ (Köchel 332) angeführt. Mozart bringt das zweite Thema in C-moll, nach einem Halbschluss in C-dur:

§ 21. Die Modulation in der Paralleltonart.

Wie bei Dursätzen die Wahl der Oberdominanttonart, so ist bei Mollsätzen die Wahl der Paralleltonart für das zweite Thema das gewöhnliche. Wir haben daher zunächst der Frage näher zu treten, welche Wege der Modulation offen stehen, wenn sie von einer Molltonart aus einen Schluss zur Dominante ihrer Paralleltonart machen will. Im Anschluss an unser bisher verfolgtes Verfahren stellen wir die Kadenzen beider Tonarten nebeneinander:

$$^0e \; a^{VII} \; e^7 \; {}^0e \; \text{ und } \; g^+ \; c^6 \; [\text{oder } g^{VII}] \; d^7 \; g^+$$

und erkennen sofort die beiden Hauptwege: die Umdeutung von ^0e in c^6 oder g^{VII} und die Verwandlung von ^0a in d^7:

$$\begin{array}{l} ^0e \quad (a^{VII} \; e^7 \; {}^0e) \\ \qquad \diagdown \qquad\qquad\qquad = \; {}^0e \; c^6 \; (\text{resp. } g^{VII}) \; d^7 \; g^+ \\ (g^+) \; \begin{cases} c^6 \\ g^{VII} \end{cases} \; d^7 \; g^+ \end{array}$$

und (mit nachdrücklicherer Einführung von ^0a durch Vermittelung von a^7, vgl. § 6):

$$\begin{array}{l} ^0e \; a^7 \; {}^0a \; (e^7 \; {}^0e) \\ \qquad\qquad | \qquad\qquad = \; {}^0e \; a^7 \; {}^0a \; d^7 \; g^+ \\ (g^+ \; c^6) \; d^7 \; g^+ \end{array}$$

Natürlich ist auch der Weg über die Molloberdominante möglich, welche der Terzwechselklang der Tonika der angestrebten Tonart ist:

$$\begin{array}{l} ^0e \; ..^{VII\natural} \; (\text{od. } \natural^{9\triangleright}) \; {}^0h \; (a^{VII} \; e^7 \; {}^0e) \\ \qquad\qquad\qquad\qquad\qquad\qquad = \; {}^0e \; ..^{VII\natural} \; {}^0h \; (=g^6) \; c^6 \; d^7 \; g^+ \\ (g^+)..^6 \quad c^6 \quad d^7 \quad g^+ \end{array}$$

Minder gebräuchliche Mittel sind: der direkte Uebergang von der Dominante der Haupttonart auf die Dominante der Parallele (e⁺ — g⁺); wie auch bereits in der „Musikalischen Syntaxis" (S. 24) nachgewiesen, hat die Folge zweier im Verhältniss des Gegenkleinterzschrittes stehenden Klänge die Wirkung des Rückganges vom schlichten Terzklange auf den Quintklang, d. h. die Folge e⁺ g⁺ leitet (auch ohne Hülfe etwa eines f bei g⁺) nach C-dur. Dieses Modulationsmittel verwendet Beethoven in den Sonaten Op. 10, I. im Finale und Op. 57 an. Im ersteren Falle modulirt er eigentlich gar nicht, sondern macht einen Halbschluss auf die Dominante der Haupttonart und setzt das zweite Thema direkt mit seiner Dominante an:

In der Appassionata setzt er eine neue Phrase mit der alten Oberdominante an und verwandelt sie in die neue Oberdominante:

zu beziehen auf die Kadenzen:

$$\begin{array}{c} {}^0e\ a^{VII}\ e^7\ ({}^0e) \\ \big| \\ (c^+\ c^+)\ g^7\ c^+ \end{array} = {}^0e\ e^7\ g^7\ c^+.$$

Wie ich in der Phrasierungsausgabe angedeutet, wäre es auch nicht ungereimt, anzunehmen, dass Beethoven ursprünglich gemeint hätte:

was ein durch enharmonischen Gleichklang vermitteltes Ueberspringen von der Duroberdominante der Haupttonart zur Mollunterdominante der Parallele wäre, jedenfalls ganz abgesehen
davon, ob Beethoven es gewollt oder nicht, ein vortreffliches
Modulationsmittel, zu beziehen auf die Kadenzen:

$$\begin{array}{l}{}^{0}e\ [a^{VII}]\ e^{7}\ ({}^{0}e) \\ \diagup \\ (c^{+})\ c^{VII}\ g^{7}\ c^{+}\end{array} = {}^{0}e\ e^{7}\ c^{VII}\ g^{7}\ c^{+}.$$

Es sei nicht unterlassen, darauf hinzudeuten, dass in den
Fällen, wo die Oberdominante umgedeutet werden soll, gewöhnlich die Unterdominante nicht direkt vorher gebracht wird, wie
wir dies bereits früher bemerkten; in der tonalen Kadenz zieht
die Unterdominante die Aufmerksamkeit viel zu sehr auf sich,
als dass man sie mit Glück in die modulierende Kadenz einführen könnte, wenn sie nicht selbst Modulationsmittel sein soll.

Die einfache Modulation in die Tonart der Parallele, wie
sie § 16 (Umdeutung der Terzwechselklänge) entwickelt, ist
natürlich auch möglich, wenn es sich um die Festsetzung der
Tonart des zweiten Themas handelt, doch pflegen die Meister
nach Erreichung der neuen Tonart erst noch innerhalb dieser
einige Kadenzen und zuletzt wohl einen Halbschluss zu machen,
ehe sie das zweite Thema bringen; so macht es Mozart in
der C-moll-Sonate, deren Uebergang in die Parallele simpel
genug ist:

Beethoven macht in der C-moll-Symphonie eine ebenso schnelle Modulation und bringt sogar das zweite Thema direkt ohne vorherige vorbereitende Kadenzen, nur mittels einer kühnen Umdeutung des schweren (8.) Taktes zum leichten (1.):

Noch kürzeren Prozess macht er in der C-moll-Violinsonate (Op. 30. II.):

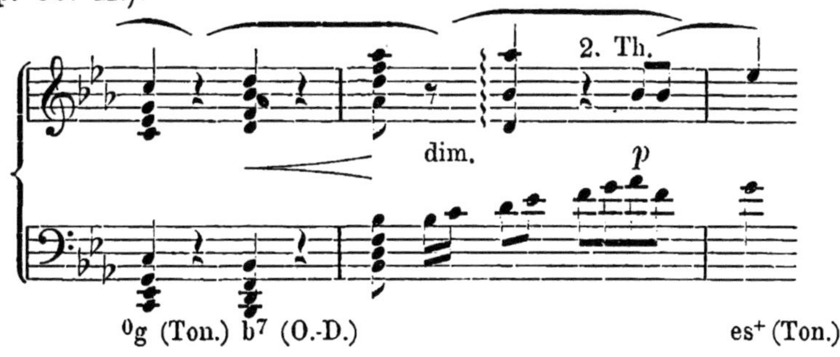

Einige Beispiele der wirklichen Modulation mit Schluss auf der Dominante der Parallele mögen noch hier als Illustration des oben Gesagten folgen:

1. Mozart, Sonate A-moll.

2. Beethoven, Violinsonate, op. 30. II. Finale.

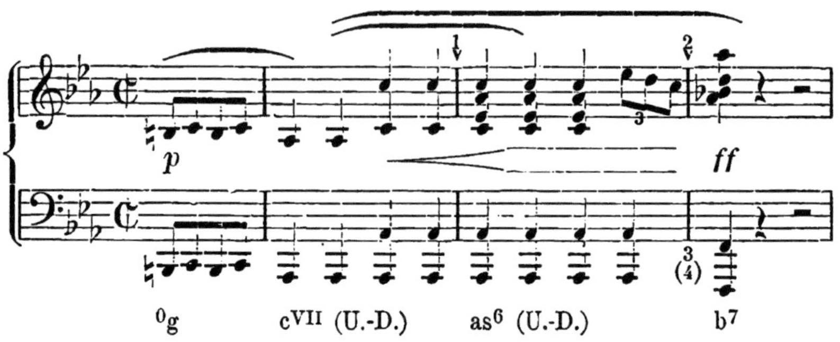

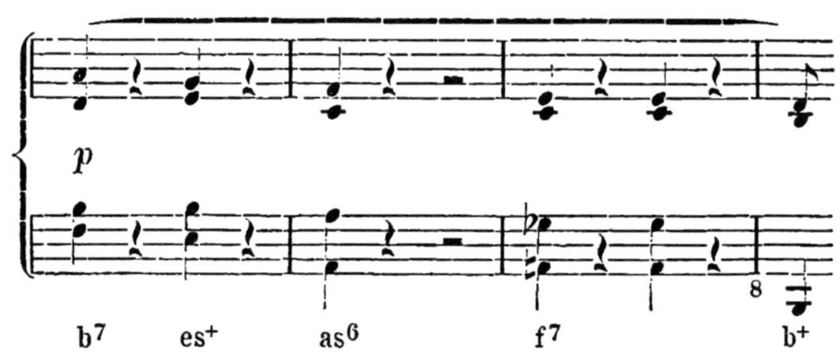

§ 22. Seltenere Nebentonalitäten.

Dass die Unterdominanttonart fast nur mittels Tonalitätssprung der Haupttonart gegenübertritt, erwähnten wir bereits
und fanden das dadurch erklärt, dass die Wendung zur Unterdominante immer mehr oder minder den Charakter des Rückgangs
annehmen, d. h. die Haupttonalität und damit die Einheit des
harmonischen Aufbaues gefährden wird. Nur ein ganz absonderliches Beispiel sei hier erwähnt, nämlich Mozart's
Klaviersonate B-dur $^3/_4$ (Köchel 570), deren erstes Thema in
B-dur einen Ganzschluss macht, worauf zwei überleitende
Takte sich den Schein geben, als sei ein Tonalitätssprung
nach G-moll (Paralleltonart) beabsichtigt; allein nach dem
abrupten Ansatz ^{0}d — d^7 setzt das zweite Thema ohne weitere
Vermittelung in Es-dur ein:

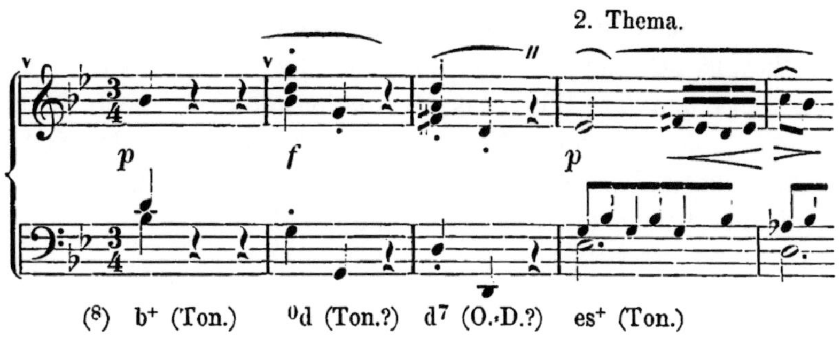

Eine ähnliche Vermittelung, oder richtiger ein ähnliches
überraschendes Abspringen in eine andere als die durch die
Modulation vorbereitete Tonart bringt Beethoven in der F-dur-
Sonate, op. 10. No. II im ersten Satz, indem er zur Dominante
der Leittonwechseltonart einen Schluss mit Halbschlusswirkung
macht, darauf aber die schlichte Dominanttonart (C-dur) mit
ihrer Dominante einsetzen lässt, so dass der § 21 charakterisierte
Rückgang vom schlichten Terzklang über den schlichten Quintklang entsteht ($e^+ - g^7 - c^+$):

Die schlichte Terztonart der Dur-Haupttonart bringt Beethoven für die zweiten Themen der ersten Sätze von Op. 31. I und Op. 53. Das Modulationsmittel ist beide Male dasselbe, nämlich der Schluss auf der Oberdominante der Terztonart mittels Verwandlung der alten Tonika in die neue Oberdominante (von C-dur aus: $c^+ - fis^+ - h^+$):

1. Op. 31. I.

2. Op. 53.

Brahms bringt in seiner 3. Symphonie (F-dur, Op. 90) ebenfalls das zweite Thema in der schlichten Terztonart; der Weg, den er einschlägt, ist aber ein überaus unbetretener und gewagter. Er macht nämlich zunächst eine leichte Wendung zur Unterterztonart (Des-dur) und benutzt den schon mehrmals als möglich und leichtverständlich angeführten Rückgang: schlichter Terzklang — schlichter Quintklang — Hauptklang, indem er die Unterterztonart enharmonisch zur zweiten Oberterztonart (Des-dur ≈ Cis-dur) umdeutet:

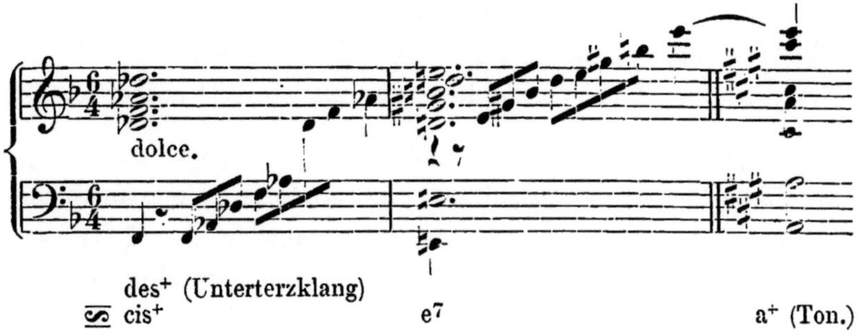

Der sehr seltene Fall der Wahl der schlichten Kleinterztonart einer Molltonalität für das zweite Thema findet sich in
Beethovens C-moll-Sonate, Op. 13 (pathéthique). Beethoven
brauchte dunklere Schatten, als sie die Molloberdominante
(^{0}d) oder gar die Durparallele (es⁺) zu geben vermochte, brachte
daher statt der letzteren ihre Quintwechseltonart (^{0}b). Die
Modulation ist nicht anders angelegt als wenn sie zur Durparallele führen sollte; nach einem mehrfach wiederholten
Schluss auf der Dominante (g⁺) folgen die Kadenzen: (g⁺) es⁷
as⁺; $f^{9>}$ b⁺, worauf das zweite Thema direkt mit der Tonika
beginnt. Nach der Durchführung bringt der Meister das zweite
Thema ebenfalls nicht wie sonst üblich in der Haupttonart (^{0}g)
oder ihrer Quintwechseltonart, sondern in der dunkleren Unterdominante (schlichten Quinttonart), zu der eine umständliche
Modulation leitet, nämlich mittels der Kadenzen:

$$(^0g) \quad as^7 \quad des^+ \quad ges^6 \quad as^{\overset{6}{4}} \quad .^+. \quad \underset{7}{b} \; (!)$$

$$b^7 \quad {}^0b \quad es^{VII} \quad b^{\overset{6>}{4}} \quad .^+. \quad \underset{7}{c} \; (!)$$

$$c^7 \quad {}^0c \quad {}^0f \quad g^{\overset{7}{5>}} \quad c^+$$

Die auffälligen Ersetzungen der erwarteten abschliessenden
Toniken (jedesmal auf den 4. Takt) des⁺ und ^{0}b durch b⁷,
beziehungsweise c⁷ werden unter die Trugschlüsse gerechnet,
und zwar mit Recht, da wir sie als wirkliche Schlüsse (aber
gestörte) zu beziffern imstande sind:

$$as^7 \; — \; des^{\overset{1<}{6}} \quad und \quad b^7 \; — \; b^{\overset{III<}{\underset{VII\natural}{<}}}$$

d. h. der erste ist nur eine leichte Modifikation der S. 14 aufgewiesenen regulären Form des Trugschlusses g^7 c^6, der zweite eine weitere Verkleidung der als e^7 $e^{\mathrm{III}<}_{\mathrm{VII}^7}$ aufgewiesenen Form. Das Besondere der beiden Stellen liegt aber darin, dass die beiden Trugschlüsse zu Modulationen verwerthet werden, indem die abschliessende Tonika in der § 16 entwickelten Weise zur dritten Oberdominante wird, ihre effektive Umdeutung wird durch das *piano subito* auf den Schlusstakt nach durchgängigem crescendo unterstützt: dasselbe ist gleichsam der Tarnzauber, der uns zweimal unerwartet in andere Regionen versetzt und zwar um direkt wieder neues Handeln zu fordern.

§ 23. Systematischer Ueberblick.

Zur Gegenüberstellung als Tonart des zweiten Themas sind ganz besonders geeignet:

A. von Dur aus (c^+):

1. die Tonart der Oberdominante (schlichte Quinttonart, g^+),
2. die Tonart der Parallele der Oberdominante (Leitttonwechseltonart, ^0h),
3. Die Tonart der Dominante der Parallele (schlichte Terztonart, e^+).

B. von Moll aus (^0e):

4. die Tonart der Parallele (Terzwechseltonart, c^+)
5. die Tonart der Molloberdominante (Gegenquinttonart, ^0h),
6. die Tonart der Duroberdominante (Seitenwechseltonart, e^+),
7. die Tonart der Parallele der Unterdominante (Leittonwechseltonart, f^+).

Diese Aufstellung begreift die Tonalitätsgruppierungen, welche die Praxis der Klassiker und das allgemein durch die Erziehung natürlich stark beeinflusste Gefühl der Musiker billigt. Zu ihrer Rechtfertigung, zur Erklärung der im Rahmen unserer Terminologie sofort offenkundigen Einseitigkeit lässt sich vor allem zweierlei anführen:

a) die Unterdominanttonarten sowohl von Dur als von Moll aus werden in cyklischen Werken gern als Haupttonalitäten besonderer Sätze reserviert, daher für die Tonalitätsschritte innerhalb eines Satzes vermieden.

b) Die Tonarten der Obertonseite erfordern einen kräftigen Aufschwung, sind daher erwünscht zu Anfang der Tonstücke als Ergebniss der kräftigen Entwickelung des ersten Themas; Tonarten der Untertonseite würden für den Rückgang zur Haupttonart dieses Aufschwungs bedürfen, d. h. den Rückgang zu einer Arbeit machen, während er jetzt ein Zurücksinken ist (vgl. S. 80).

Hiergegen lässt sich aber doch mancherlei einwenden, nämlich zunächst, dass für Moll doch eigentlich Oberdominante und Unterdominante ganz anderen Beurtheilungen unterliegen, als für Dur. Die Aufnahme der Leittonwechseltonart unter die Präcipualtonarten des zweiten Themas von Mollsätzen ist wohl darauf zurückzuführen; aber auch die Unterdominanttonart selbst hat in Moll Anspruch darauf, als Tonart des zweiten Themas in Frage gezogen zu werden: natürlich in der Voraussetzung, dass in cyklischen Werken alsdann die Molloberdominante in die Rolle eintritt, welche für Dur die Unterdominante hat — die Haupttonalität eines kontrastirenden Satzes zu bilden. Allerdings· spielt in diesen rein harmonischen Beziehungen, deren Logik widerspruchslos ist, das melodische Princip kompensirend im Sinne der heutigen Praxis hinein, wie schon oben angedeutet wurde. Wie schon die zwar nicht wegzuleugnende hochwichtige Rolle des Grundtons nur für Dur im Klangprinzip selbst ihre Erklärung findet, für Moll dagegen einen Rekurs auf die verschiedene Wirkung des Hoch und Tief, d. h. also aufs melodische Prinzip bedingt (das Tiefe erscheint eben als Grund, als Boden, Stütze auch für den sich nach der Tiefe entwickelnden Mollakkord), so macht sich auch für Mollmodulationen die elementare Wirkung des Melodischen gegenüber dem Harmonischen geltend und lässt z. B. den Uebergang in die Unterdominanttonart, obgleich derselbe harmonisch die natürlichste Weiterentwickelung (der schlichte Quintschritt) ist, als ein Hinabsinken erscheinen, als eine Ver-

stärkung, Potenzierung des Mollprinzips in seiner dem Dur-
prinzip gegensätzlichen Eigenart. So begreifen wir denn recht
wohl, warum Beethoven in der Pathétique das zweite Thema
in der schlichten Kleinterztonart brachte; der Gedanke dem
Usus entgegen Moll nach der entgegengesetzten Seite zu
entwickeln wie Dur, lag ihm gewiss fern, vielmehr glaubte er
nur die selbstverständliche Paralleltonart anzudunkeln, indem er
ihr ihre Quintwechseltonart substituirte, wie auch die Wahl der
Oberterztonarten in Op. 31, I. und Op. 53 einfach auf Substitution der Quintwechseltonart für die Parallele der Oberdominante zu beziehen ist (c^+—g^+—^{0}h—e^+), oder wenn man will,
Beethoven brachte das zweite Thema anstatt in der Dominante
der Haupttonart ausnahmsweise in der Dominante der Parallele
(c^+—^{0}e—$e^{\pm}$).

In letzter Instanz wird es also vom Charakter und spezi-
fischen Gefühlsinhalt des Satzes abhängen, ob die Modulation
von Moll aus eine Potenzierung der Mollwirkung (^{0}Seite) oder
nur einen jene abschwächenden harmonischen Kontrast ($^+$Seite)
vorzieht. Es versteht sich aber, dass für Dur ähnliche Gesichtspunkte nicht ausgeschlossen sind. Gelegentlich der Tonalitätssprünge hatten wir Gelegenheit zu bemerken, dass die Komponisten die Tonarten der ^{0}Seite für Dur schon sehr wohl zu
schätzen wissen. Warum aber beschränkt man bisher nun die
Einführung der Tonarten der ^{0}Seite einseitig auf lied- und
tanzartige Sätze? Der Grund, dass man die Unterdominante
als Haupttonart für den zweiten Satz reserviren zu müssen
glaubt, fällt nun aber in allen nur einsätzigen Stücken z. B.
in der Ouvertüre gänzlich weg; dennoch sind die Beispiele der
Wahl der Unterdominanttonart für das zweite Thema von
Ouvertüren selten (bei Beethoven nur in der zu den „Ruinen
von Athen" [G-dur, 2. Thema C-dur]). Warum wird aber so
ganz vorzugsweise für Mollsätze die Parallele als Tonart des
zweiten Themas gewählt? die historisch und technisch-praktisch
einzig richtige Antwort ist: weil sich die Oberdominanttonart nicht
recht zur Kontrastierung eignen will. Vergleichen wir die Kadenzen:

$$^0e \ a^{VII} \ e^7 \ ^0e \quad \text{und} \quad e^+ \begin{cases} a^6 \\ e^{VII} \end{cases} h^7 \ e^+$$

und erinnern uns dabei der Erweiterungen der Kadenzen durch
Einführung der Dominantschritte zu den einzelnen Kadenzmomenten (§), so erscheint allerdings die Gemeinsamkeit
des Mittel sehr gross:

$$^0e \qquad a^7 \qquad ^0a \quad h^7 \quad c^7 \quad ^0e$$
$$e^+ \qquad e^7 \quad \begin{cases} a^6 \\ ^0e \end{cases} \quad fis^7 \quad h^7 \quad e^+$$

Noch etwas Anderes spricht mit; das der Molltonart
unseres Zeitalters eigene Gemisch von Dur- und Mollharmonien,
besonders die vielen Scitenwechsel, geben derselben ein
scheckiges Aussehen, eine gewisse Uebertriebenheit des Aus-
drucks, gegen welche die reine Durtonart äusserst wohlthuend
absticht. Die Gegenüberstellung der Durtonart der Oberdominante hebt aber diesen Charakter nicht auf, übersetzt ihn vielmehr
nur ins Grosse, an Stelle des in der Haupttonart heimischen
Seitenwechsels der Harmonien tritt der Seitenwechsel der Tonalität! Der Uebergang aus a-moll nach E-dur bedingt ja doch,
dass a-moll als Haupttonart in der Erinnerung bleibt. Es ist
sogar eine gewisse Querständigkeit nicht wegzuleugnen, wenn
die Oberdominanttonart E-dur nicht durch gelegentliche
Benutzung der Mollunterdominante die Natur ihrer Zugehörig-
keit zur verlassenen Haupttonart verräth; das a^+ wird sonst
immer etwas von dorischer Sexte (§ 33) an sich haben.
Dagegen ist der Uebergang in die Paralleltonart eine völlige
Verwandlung des ganzen harmonischen Apparates. Trotz der
absoluten Parallelität der Mittel des reinen Moll mit seiner
Parallele:

$$\text{(VII)} \quad h \mid d \quad f \quad a \quad c \quad e \quad g \quad h$$
$$f \quad a \quad c \quad e \quad g \quad h \quad d \mid f \quad {}_{\langle 7 \rangle}$$

hat jede Harmonie, jede Tonkombination einen andern Sinn.
Wir erinnern uns, dass in C-dur selbst die direkte Folge der drei
leitereigenen Mollakkorde möglich ist, ohne dass einer derselben
als wirklicher Mollakkord aufgefasst wird; wenn das analoge
für Moll besonders hinsichtlich des Terzwechselklanges der

Molloberdominante nicht unbedingt zugegeben werden könnte (S. 30), so bedürfte es dessen darum nicht, weil die Molltonart sich doch der Dur-Oberdominante bedient. Diese gerade ist aber der Parallele fremd. Trotz des Scheines des Gegentheils unterscheidet sich also die Molltonart von ihrer Parallele radikaler durch ihre Mittel als von der Duroberdominanttonart.

Hiernach werden wir auch der Mollunterdominanttonart einer Durtonart als Tonart des zweiten Themas nicht viel Werth beimessen. Die für A-moll — E-dur angedeutete Querstandswirkung der Duroberdominante gegen die alte Tonika findet zwar kein Analogon, da bei der Folge C-dur — F-moll, wie Moll heute gehandhabt wird, die Molloberdominante ^{o}g nur sehr nebensächlich mit herangezogen wird, dafür ist aber die Gemeinsamkeit der Mittel desto zweifelloser. Warum aber sollte man nicht die Mollparallele ebenso der Durhaupttonart entgegenstellen können wie die Durparallele der Mollhaupttonart? Diese Betrachtungen berechtigen uns zur Aufstellung folgender erweiterten Lehrsätze (vgl. S. 138):

Als Tonart für das zweite Thema sind geeignet:

A. von Dur aus (c^{+}):

1. Die Tonart des schlichten Quintklangs (Oberdominante, g^{+}). Dieselbe ist ästhetisch eine Steigerung des Durcharakters und wirkt als natürliches Ergebniss der lebenskräftigen Entfaltung des ersten Themas. Allgemein im Gebrauch.

2. Die Tonart des schlichten Terzklangs (Dominante der Parallele, e^{+}). Der Charakter ist dem der vorigen Tonart verwandt, doch noch mehr gesteigert. Die Mittel sind zum Theil mit denen der Parallele identisch, daher selbst im Falle der Benutzung der Mollunterdominante von denen der Haupttonart total verschieden. Nicht unbeliebt, doch mit Recht selten.

3. Die Tonart des Leittonwechselklangs (Parallele der Dominante, ^{o}h). Dieselbe erscheint gegenüber der Haupt-

tonart gesteigert und erfordert einen Aufschwung, doch ist ihr
Klang durch das Mollgeschlecht gemildert, die Steigerung
erscheint geringer, die Mittel sind theilsweise mit denen der
Parallele identisch, aber gegenüber der Haupttonart sämmtlich
umgedeutet. Sehr zu empfehlen, wo ein milder Kontrast
angestrebt ist.

4. Die Tonart des Terzwechselklangs (Parallele, °e).
Die Tonart ist bis auf die Duroberdominante (welche der
schlichte Terzklang der Haupttonart ist) aus Klängen gebildet,
welche im anderen Sinne sich in der Hauptonart vorfinden;
dieselben sind aber sämmtlich umgedeutet, sodass unbedingt
zugestanden werden muss, dass sie eine völlige Wandlung des
Sinnes der Tonkombinationen bedeutet, die einen ganz eigenartigen Reiz ausübt. Da die Paralleltonart von Moll aus allgemein aufgeführt wird, so ist kein Grund vorhanden, sie von
Dur aus zu perhorrescieren, vorausgesetzt, dass dem kräftigen
ersten Thema ein weiches zweites gegenübergsstellt werden
soll, das nicht scharf kontrastiren soll. Es fehlt der Tonart
die Steigerung, sie steigert noch weniger als die des Leit-
tonwechsels; dafür aber entschädigt sie durch das mystische
Element ganz anderer Wirkung trotz scheinbarer Gemeinsamkeit
der Mittel. Die Terzwechseltonart erscheint in den Fällen,
wo das zweite Thema im Sonatensatz in der Leittonwechseltonart stand, mit Glück als Tonart des zweiten Themas nach
der Durchführung, wo eine Abschwächung der Tonartengegen-
sätze beabsichtigt ist.

5. Die Tonart des Seitenwechsels (Mollunterdominante, °c). Anstatt eines Aufschwunges bedeutet dieselbe ein
Zurücksinken, das sehr wohl mit künstlerischer Absicht verwerthet werden kann. Die Gemeinsamkeit eines Theiles der
Mittel schwächt den Gegensatz der Klanggeschlechter, ein
Mangel, dem aber begegnet werden kann durch Vermeidung
der gemeinsamen Mittel.

6. Die Tonart des Gegenquintklangs (Unterdominante, f⁺). Diese bedeutet wie die vorige ein Zurücksinken,
ist darum ganz entschieden sehr geeignet, den Charakter eines
sehr bescheiden auftretenden, den wirklichen Kontrast eines

kräftig anstrebenden ersten bildenden zweiten Themas auszudrücken. Wie die Seitenwechseltonart ist sie eine Verwandte der ^{0}Seite, gestattet daher dem ersten Thema eine desto mächtigere Entfaltung nach der $^+$Seite hin. Braucht man die Unterdominanttonart nicht für einen zweiten Satz, (wenn nämlich ein solcher überhaupt nicht folgt, oder aber diesem eine Molltonalität, ja auch wenn ihm eine Tonart zugedacht ist, die eine weitere Steigerung nach der ^{0}Seite bedeutet), so ist ihre Wahl sehr zu empfehlen, bedingt aber, wo ein Repetition der Themen beabsichtigt ist, statt eines bequemen Rückganges ein wieder emporschwingen zur Haupttonart, dessen Wirkung vortrefflich sein kann.

7. **Die Tonart des Gegenterzklangs** (Parallele der Mollunterdominante as$^+$). Diese Tonart, für lied- und tanzartige Sätze durch Schubert und Schumann eingebürgert, ist auch für den Sonatensatz keineswegs auszuschliessen, vielmehr von äusserst kräftiger Wirkung. Von allen Verwandten der Untertonseite bringt sie den gegensätzlichen Charakter bei gleichem Tongeschlecht am besten zur Geltung und verbindet mit direkter Verständlichkeit der harmonischen Beziehungen zur Haupttonart eine völlige Verschiedenheit der Mittel. Sie schliesst auch die Benutzung der Unterdominanttonart für den zweiten Satz nicht aus, doch ist zu bedenken, dass noch wirksamer die Wahl der Unterdominante für das zweite Thema und die der Unterterztonart für den zweiten Satz sein wird.

8. Noch weiter zu gehen, ist kaum zu empfehlen. Allenfalls könnten die Tonarten des Gegenkleinterzklangs und **schlichten Kleinterzklanges** (es$^+$ und a$^+$) in Frage kommen. Jene wäre auch zu definiren als Parallele der Quintwechseltonart, diese als Quintwechseltonart der Parallele. **Die Quintwechseltonart** haben wir bisher ganz übergangen, da ihre drei Hauptklänge sich von denen der Haupttonart nur durch die Terztöne unterscheiden, die Oberdominanten beider sogar identisch sind, ja auch die Unterdominanten identisch sein können.

$$c^+ \quad c^{VII} \quad g^7 \quad c^+$$
$$| \qquad\qquad | \ \ $$
$$^0g \quad c^{VII} \quad g^7 \quad {}^0g.$$

Die Quintwechseltonart erscheint deshalb fast nur im Sonatensatz
nach der Durchführung als Tonart des zweiten Themas, d. h.
an der Stelle, wo der Gegensatz der beiden Tonarten als
möglichst ausgeglichen erscheinen soll. Wenn auch der Sinn
des Quintintervalls c : g in c^+ und ^0g ein völlig gegensätzlicher ist, so hat doch die Praxis dahin entschieden, dass der
Musiker C-moll nur als eine Umfärbung (chromatische Veränderung) von C-dur hört, sodass der ästhetische Werth nur
ein Verschleiern der Haupttonart ist. Ob diese Auffassungs-
weise absolut geboten ist, mag dahingestellt bleiben; sie wird
unterstützt durch das, was wir oben über die Bedeutung des
Grundtons gesagt haben (S. 139), d. h. wenn auch harmonisch
der Kontrast von ^0g und c^+ grösser ist, als der von ^0e und c^+,
so ist doch melodisch (in dem oben präcisierten Sinne) der von
^0e und c^+ grösser als der von ^0g und c^+, sofern c^+ und ^0g in
c fundiert sind. Der Schritt c^+ und es^+ verbindet nun freilich
die Eigenthümlichkeiten von c^+—^0g und c^+—^0e in gewissem
Sinne, sofern wir die Umdeutung der Mittel der Quintwechseltonart durchfühlen, welche ohne Umdeutung nicht genügend
kontrastieren würde. Doch habe ich schon in der musikalischen
Syntaxis und anderweit darauf hingeweisen, dass der Kleinterz-
schritt nicht direkt verständlich, nicht schlussfähig ist, sondern
als Uebergang vom Terzklang auf den Quintklang auf einen
dritten, das Verständniss vermittelnden Hauptklang hinweist:

$$c^+ \quad es^+ \longrightarrow as^+$$
$$3 \quad\ 5 \qquad\qquad 1$$

und
$$c^+ \quad a^+ \longrightarrow e^+$$
$$\text{III} \quad \text{V} \qquad\qquad 1$$

d. h. schliesslich wird ein Es-dur, das C-dur gegenübertritt,
immer als Dominante von As-dur wirken und ein A-dur nach
C-dur als Unterdominante von E-dur. Die Stelle der Klein-
terztonarten ist daher nicht unter den Haupttonarten für das
zweite Thema (für welche wenigstens in allen gross angelegten
Sätzen durchaus die Beschränkung auf schlussfähige Klänge
geboten ist) sondern vielmehr in fortschreitenden Modulationen,
d. h. in Durchführungstheilen, worüber weiter unten.

B. Von Moll aus (⁰e)

sind für das zweite Thema geeignete Tonarten:

1. **Die Tonart des Gegenquintklangs (Molloberdominante ⁰h).** Wir nennen diese im Gegensatze zur Praxis zuerst, weil ihr zufolge ihrer vortrefflichen Eigenschaften wirklich eine erste Stelle gebührt. Denn sie verbindet mit der Wirkung der Gegensätzlichkeit, die ihr als Gegenquintklang unleugbar eigen ist, noch die der melodischen Steigerung (in dem oben präcisirten Sinne); sie ist ein Aufschwung, ein Schritt im Dursinne, hellt das Dunkel der Haupttonart etwas auf, ohne doch das Tongeschlecht zu wechseln. Es versteht sich, dass diese Tonart nur geeignet ist, wo eine völlige Gegensätzlichkeit, die nur Dur bringen kann, nicht beabsichtigt ist. Nicht unbeliebt, doch verhältnissmässig selten.

2. **Die Tonart des Terzwechselklangs (Parallele, c⁺).** Die Charakteristik ergiebt sich aus der oben unter A. 4 für denselben Tonalitätsschritt von Dur aus gegebenen. Mit der völligen Umdeutung der Mittel verbindet sich die Aufhellung durch das Durgeschlecht; ganz lässt sich der Tonalitätsschritt auch nicht die Bedeutung eines Aufschwunges absprechen. Allgemein in Aufnahme. Steht das 2. Thema vor der Reprise in der Terzwechseltonart, so kommt es nach der Reprise gewöhnlich in die Quintwechseltonart zu stehen (vgl. oben A. 8).

3. **Die Tonart des schlichten Quintklanges (Unterdominante, ⁰a).** Dieselbe ist die natürlichste Fortbildung im Mollsinne und gestattet den einfachen Rückgang wie die Oberdominante der Durtonart. Melodisch ist sie aber ein Zurücksinken, ein Schritt hinab, daher nur am Platz, wo eine Verstärkung des Mollcharakters intendiert ist. Selten, aber gut.

4. **Die Tonart des Leittonwechselklangs (Parallele der Unterdominante f⁺).** Diese ist im Charakter der vorigen verwandt, ergiebt sich durch natürliche Fortbildung im Mollsinne und Umdeutung der Mittel; die Verstärkung der Mollwirkung wird aber durch die Verwandlung des Tongeschlechts aufgehoben und giebt einen milden Glanz. Die Wahl dieser Tonart für das zweite Thema gestattet, dasselbe

nach der Reprise (vgl. oben A. 8) in der Paralleltonart zu bringen, die dann als Annäherung an die Haupttonart erscheint. Der Tonalitätsschritt ist nicht unbeliebt und von vortrefflicher Wirkung.

5. Die Tonart des schlichten Terzklangs (Unterdominante der Parallele, ^{0}c). Diese Tonart ist zwar ein natürliches Ergebniss der Entwicklung im Mollsinne und bedeutet ästhetisch eine starke Potenzierung der Mollwirkung, ist aber ganz ungebräuchlich. Ihre Einführung wäre aber mindestens ebenso unbedenklich, wie die von Beethoven in der Pathétique gemachte der

6. Tonart des schlichten Kleinterzschrittes (Quintwechseltonart der Parallele, ^{0}g), die ihr im Charakter nahestehend, doch an sich nicht so leicht verständlich ist (vgl. A. 8).

7. Die Tonart des Seitenwechselklangs (Duroberdominante, c$^+$), über welche oben (S. 126) ausführlich gesprochen wurde.

8. Die Tonart der Kleinterzwechsels sei nur als der üblichen Modulationsweise nahe liegend (Dominante der Parallele, g$^+$) erwähnt, doch nicht ohne Betonung des Bedenkens, dass die beiden Toniken nicht direkt gegen einander verständlich sind. Abgesehen von B. 6 wären ihr alle andern aufgeführten Tonalitätsschritte vorzuziehen.

9. Die Tonart des Gegenterzklangs (Terzwechsel der Duroberdominante, ^{0}gis) sei ohne Empfehlung erwähnt. Unser Verständniss für Mollschritte ist zu unentwickelt, solche Tonalitätsschritte sofort zu verstehen, was doch die Vorbedingung für eine glückliche Einführung ist.

10. Bezüglich des Quintwechsels der Tonalität ist oben unter A. 8 das Erfoderliche bemerkt worden. Tonarten, die im Verhältniss des Quintwechsels stehen, gelten als Tonarten desselben Grund- (resp. Schluss-)Tones; ihre Verkettung findet sich daher als Grundlage verschiedener Themen nur nach der Durchführung, wenn der Konflikt gelöst ist.

Für alle diese Tonalitätsschritte sind die in diesem und dem vorigen Kapitel entwickelten Wege der Modulation möglich, d. h.

a) wir können einen Schluss zur neuen Tonika machen, die dadurch allerdings erreicht, aber nicht hinreichend als Tonika charakterisiert wird; es wird vielmehr erst noch weiterer Bekräftigungen bedürfen, um der neuen Tonika den Sinn abzustreifen, den sie in der Kadenz der alten Tonart hat. Selten wird der Komponist den Kern des zweiten Themas direkt nach einer Kadenz bringen, die von der Haupttonart zur neuen Tonika geschlossen hat, weil sonst nur allzuleicht das noch nicht vollkommen umgestimmte Ohr die Harmonien verkehrt auffasst. Daher die häufigen Fälle des Zweifels, wo eigentlich das zweite Thema anfängt (vgl. oben S. 115).

b) die mehr oder minder langgestreckte modulierende Kadenz macht einen Schluss zur neuen Tonika, in der Regel gegen Ende ritardierend und statt des abschliessenden Akkordes den neuen Thema-Anfang bringend, gewöhnlich mit vorgängigem Absetzen, kontrastierender Dynamik und Umdeutung des schweren Taktes zum leichten (vgl. S. 132, das Beispiel aus der C-moll-Symphonie).

c) die Modulation macht einen Halbschluss in der Tonart des zweiten Themas (Beispiele s. S. 125).

d) die Modulation macht einen Halbschluss in der alten Tonart, und die neue Tonart setzt mit einer ihrer Dominanten frisch an. Diese Kombination haben wir noch nicht erörtert, doch werden einige Fingerzeige genügen. Es versteht sich, dass die Wirkung nur eine gute sein kann, wenn die durch den Halbschluss abgebrochene halbe Kadenz von der alten Tonika her an die zur neuen Tonika hin schliessenden neuen derart passt, dass beide zusammen eine vernünftige Modulations-Kadenz geben z. B. c^+ g^+ (H.-S.); e^{VII} h^7 ^0h, wo g^+ aus der Oberdominante in C-dur zum Terzwechselklang der Tonika in E-moll umgedeutet wird. Dieser Art von Modulation verwandt ist:

e) der Halbschluss in einer Tonart, die zwischen der alten und neuen in der Mitte steht, worauf die neue mit ihrer Tonika oder einer ihrer Dominanten einsetzt (Beispiele s. S. 135). Ebenfalls mit d) verwandt, aber nicht ganz logisch, fanden wir den Fall, dass

f) in der Haupttonart ein Halbschluss gemacht wird, worauf die neue Tonart direkt mit ihrer Tonika einsetzt (s. S. 126).

g) am vollkommensten vermittelt erschienen uns diejenigen Modulationen, welche als nächstes Ziel nicht die Tonika der neuen Tonart selbst ins Auge fassen, sondern vielmehr diejenige ihrer Dominanten, welche von der alten Tonika aus gerechnet, noch jenseits der neuen Tonika liegt, d. h. bei Modulationen nach der $^{+}$Seite die Oberdominante, bei solchen nach der ^{0}Seite die Unterdominante. Dieses Vorgehen erzielt für die oben aufgestellten Tonartfolgen die Zwischenstationen:

A.

1. c^{+} — g^{+}, vorbereitender Schluss nach d^{+}.
2. c^{+} — e^{+}, „ „ „ h^{+}.
3. c^{+} — ^{0}h, „ „ „ h^{+}.
4. c^{+} — ^{0}e, „ „ e^{+} (? oder ^{0}a).
5. c^{+} —- ^{0}c, „ ^{0}f.
6. c^{+} — f^{+}, „ „ b^{+} (oder ^{0}f).
7. c^{+} — as^{+}, „ des^{+} (vgl. S. 145).
8. c^{+} — ^{0}g, „ „ g^{+} oder ^{0}c.

B.

1. ^{0}e — ^{0}h, vorbereitender Schluss nach h^{+}.
2. ^{0}e — c^{+}, „ „ g^{+} (? oder f^{+}).
3. ^{0}e — ^{0}a, „ „ ^{0}d (nicht üblich).
4. ^{0}e — f^{+}, „ „ b^{+} (nicht üblich).
5. ^{0}e — ^{0}c, „ „ „ ^{0}f (nicht üblich).
6. ^{0}e — ^{0}g, „ ^{0}c (nicht üblich).
7. ^{0}e — e^{+}, „ „ h^{+}.
8. ^{0}e — g^{+}, „ „ d^{+} (?)
9. ^{0}e — ^{0}gis, „ „ gis^{+} (?)
10. ^{0}e — a^{+}, „ „ „ e^{+} oder ^{0}a.

Statt dieser übers Ziel hinausgreifenden Modulationen, deren specielle Wege aus unseren früheren §§ leicht zu finden sind, erfreut sich aber in allen den Fällen, wo die zu verbindenden Tonalitäten einander entweder besonders fremde oder doch in ihrer Vereinigung ungewohnte sind (A. 5 und 7, B. 3—6 und 9) vielmehr die Einschaltung einer z w i s c h e n der alten und neuen liegenden Tonart grosser Beliebtheit; diese vermittelnde Modulation ist für alle möglich:

A.

1. c^+ — g^+, vermittelt durch Wendung nach g^+ u. dann erst nach d^+.
2. c^+ — e^+,   „   „   „ ^0e „   „   „ h^+.
3. c^+ — ^0h,   „ ^0e „   „ h^+.
4. c^+ — ^0e,   „   :,   „ ^0a ,,   „ e^+.
5. c^+ — ^0c,   „   „   ·,   „ f^+ „   „   „ ^0f.
6. c^+ — f^+,   „   ·,   „   „ f^+ „   „   „ b^+.
7. c^+ — as^+,   ,, ^0c „   ,, des^+.
8. c^+ — ^0g,   „   „   „ ^0g „   „ $g^+(^0c)$.

B.

1. ^0e — ^0h, vermittelt durch Wendung nach $^0h(e^+)$ u. dann erst nach h^+.
2. ^0e — c^+ ,,   ,,   „   „ c^+ „   „   „ g^+.
3. ^0e — ^0a „   „   „   „ ^0a „   „ ^0d.
4. ^0e — f^+ „   „   „ ^0a „   „   „ b^+.
5. ^0e — ^0c „   „   „   „ f^+ ,,   „   „ ^0f.
6. ^0e — ^0g ,,   „   „   „ c^+ „   „   „ ^0c.
7. ^0e — e^+ „   „   „ ^0h „ h^+.
8. ^0e – g^+ „ ^0h „   „   „ d^+.
9. ^0e — ^0gis „   „   „ e^+ „   „   „ gis^+ (?).
10. ^0e — a^+ „   „   „   „ a^+ „   „   „ e^+.

Damit betreten wir aber das Gebiet der fortschreitenden Modulation, der Fortbewegung zu Tonarten, die wir nicht um ihrer selbst willen, sondern nur als Durchgangsstation zu weiter abliegenden, durch fortgesetzte Modulation zu erreichenden einführen.

Aufgabe. Zur Erwerbung genügender Routine in der Behandlung der Modulation in die Tonart des zweiten Themas ist es unerlässlich, dass der Schüler sich Mittel und Wege der Modulation n die einzelnen in Betracht kommenden Tonarten (A. 1—8, B. 1—10) von allen Dur- und Molltonarten aus klar macht. Dabei erinnere man sich, was S. 110 über enharmonische Umschreibung gesagt worden ist. Die Kompositionen können nun derart erweitert werden, dass liedartige Sätze mit zwei Themen entworfen worden, die so angelegt sind, dass die Ergebnisse dieser Kapitel verwerthet werden, d. h. nachdem zuerst zwei gegen einander kontrastirende, fortbildungsfähige Motive ersonnen sind, die der Lehrer gutgeheissen hat, wird die Tonart für das zweite Thema bestimmt und sodann zur Ausarbeitung der Themen geschritten; einige Typen der möglichen Ausführung seien hier aufgezeichnet:

a) 1. Thema (Dur): 1 + 1 + 2 + 4 (Schluss auf der Dominante mit füllendem Rückgang; sodann Wiederanfang des ersten Themas mit Anderswendung) 1 + 1 + 2 + 4 (Schluss auf der 2. Oberdominante); 2. Thema, beginnend mit dem schweren Takt: 2. Takt + 2 + 4 (Halbschluss, sodann Wiederanfang des 2. Themas mit Rückmodulation) 2 + 2 + 4 (Schluss in der Haupttonart aber mit Ersetzung des Schlussakkordes durch den Wiederbeginn des 1. Themas, also Umdeutung des schweren Taktes zum leichten); nun wieder 1. Thema mit Festhaltung der Haupttonart) 1 + 1 + 2 + 4 (Halbschluss) + 4 (Ganzschluss) + 2 + 1 + 1.

b) 1. Thema (Moll): 2 + 1 + 1 (Anfang ex abrupto, es wäre schon eine längere Entwickelung vorausgegangen, sodann Fortsetzung, mit dem schweren Takt einsetzend:) 2. Takt + 2 + 4 (Ganzschluss) + 2 (gesteigerte Nachbildung der beiden letzten Takte mit Ganzschluss auf der Dominanttonart der Parallele; sodann füllender Rückgang zur Paralleltonart selbst) 2. Thema: 1 + 1 + 2 + 4 (Halbschluss; weiterhin umlenkend zum 1. Thema) 2 + 2 + 1 + 1 (abbrechend auf der Unterdominant der Haupttonart), nach eintaktiger (nicht gezählter) Pause Wiederkehr des ersten Themas in der alten Gestalt) 2 + 1 + 1; 2. Takt + 2 + 4 (Ganzschluss) + 2 + 1 + 1.

c) Einleitung (Dur): 2 + 2 (beides offene [nicht mit der Tonika endende] Kadenzen) 1. Thema: 1 + 1 + 2 + 2 (gesteigert zur Parallele schliessend) + 4 (Schluss auf der Dominante) + 2 + 2 (Ganzschluss und Halbschluss in der Parallele der Dominante) 2. Thema (Leittonwechseltonart):

1 + 1 + 2 + 4 (Unterdominante) + 2 (Ganzschluss) sodann Nachbildung der Einleitung (2 + 2) als Rückmodulation, und Wiederholung des ersten Themas: 1 + 1 + 2 + 2 (gesteigert zur Dominante schliessend) + 4 (Ganzschluss auf der Tonika) + 2 (offen) + 2 (geschlossen).

Als Beispiele der Belebung dieser Schemata (die zu vermannigfaltigen sind mittelst Einstellung anderer Tonarten für das zweite Thema und dem entsprechender anderer Modulation) mögen die folgenden Skizzen dienen:

1. Allegro.

e6 fis7 h+
1.
2. Thema.
h6 cis7 fis+
16
cantabile
h+ (Tonika)
h7 e+ e7 a6 h4 .7.
rit
[v]
a. t.
f
u. s. w. bis Takt 12
(12)

16
2. Allegretto.
sf
dVII
d+
0d
e+
f+
0a
dVII
a7
8
0a
a7
2. Thema.
0a (=f6) g7
c+
füll. Rückg.
c7

0a
d7   0d   f
sf   4
3. Adagio.
4   es+   4   0g
8   b+

VII. Kapitel.

Fortschreitende Modulationen.

---

§ 24. Sequenzartige Gänge.

Der Sinn der tonalen Sequenzen ist in § 4 ausführlich dargelegt und zugleich auf ihre Bedeutung hingewiesen worden. Wir müssen nun unser Augenmerk auf gewisse den Sequenzen innerlich und äusserlich verwandte Bildungen richten, die von

Vielen mit den Sequenzen verwechselt werden, obgleich ihnen gerade das fehlt, was uns charakterisch bedeutsam an den Sequenzen ist, nämlich die strenge tonale Einheit. Mussten wir die Sequenz definieren als eine stufenweise in der Skala steigende und fallende Folge von Nachahmungen einer tonal-logischen Harmoniefolge, so erscheinen allerdings gewisse in ähnlicher Weise aus leitertreuen Nachahmungen einer tonal-logischen Harmoniefolge gebildete Gänge als den Sequenzen ausserordentlich nahe stehend und nur dadurch von ihnen verschieden, dass die Nachahmung nicht stufenweise, sondern sprungweise fortschreitet:

g+   g7   0h   g+   c+
3.
g7   c+   e7<   0e   c7<   f+   c6   0a   c7<   g7   f6
g+   g9   0h   g7   c+
4.
c6   f6   f7<   g9   f6   g7   g9   g6   g7
c7<   e7   c6   c7   f7<

Man kann weiter gehen und diese Bildungen geradezu
als wirkliche Sequenzen ansehen, die aus den S. 26, f. entwickelten durch Ueberspringung jedes zweiten Motivs entstanden
sind, d. h. die Nachahmung geschieht nicht von Stufe zu
Stufe, sondern fortgesetzt in Terzabständen. Durch die Sekund-
fortschreitung innerhalb des Motivs wird aber jedesmal
wenigstens in einer Stimme (bei No. 4, und wenn man die
Oberstimme mit dem Alt unisono ansetzen lässt, statt in der
Oberquart auch bei No. 1 sogar in zweien) geschlossene Sekund-
fortschreitung hergestellt, sodass auf diese Weise sogar das
Charakteristikum der wirklichen Sequenz, die unterbrochene
Bewegung durch die Tonleiter, gewonnen wird. Man unterschätze
die Bedeutung dieser rein tonalen Terzensequenzen nicht; ihre
Wirkung ist nicht schlechter als die der strengen Sekund-

sequenzen. So schreibt z. B. Max Bruch in der ersten Arie der Andromache in „Achilleus" der Fortschreitung des Schemas 5 entsprechend:

Ein ganz reines Beispiel der Form 1 von ziemlicher Ausdehnung bringt Beethoven im 1. Satze der Sonate Op. 2, III.:

Auch das folgende Beispiel (Mozart, Sonate D-dur, $^4/_4$ Köchel 311)
ist nichts anderes als eine solche tonale Terzensequenz mit
Benutzung der uns aus § 6 bekannten chromatischen Zwischenharmonien:

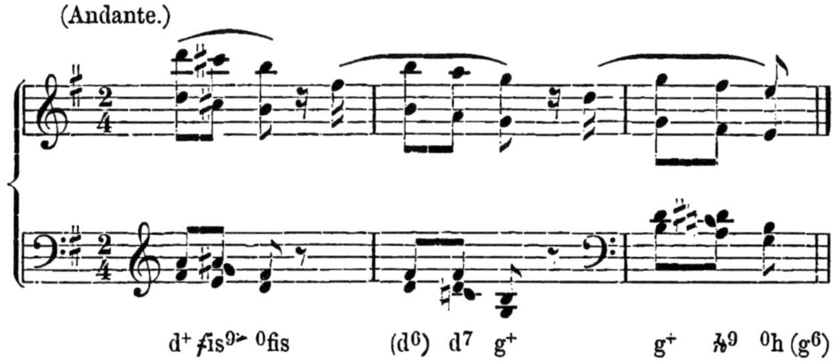

Es ist nicht die Aufgabe dieses Buches, die Fälle, wo
sich dergleichen findet, zusammenzutragen; es genügt, wenn
auf die Möglichkeit der Bildungen und ihre Bedeutung aufmerksam gemacht ist; bei der Analyse werden sich Fälle
genug herausstellen, welche diese Erklärung illustrieren (vgl.
z. B. das Scherzo in Beethovens Op. 106).

Wenn schon die Terzensequenz sehr schnell in zu hohe
oder zu tiefe Tonlage führt (weshalb wir oben mehrfach des
8va Zeichens bedurften, so gilt das noch mehr von der Quartensequenz. Die Quartsequenz führt mit dem zweiten Schritt
an die Grenze der Oktave, ist daher von ganz ungefälliger,
breitspuriger Weise, wenn sie nicht mit jeder zweiten Nachahmung in die alte Oktave zurückspringt; damit wird sie aber
im Grossen zur Sekundsequenz:

Durch beigefügte geklammerte $\frac{\natural}{\sharp}$ ist hier darauf hingedeutet, wie diese Sequenz durch die chromatischen Zwischenharmonien modifiziert werden kann; auch zieht man es gelegentlich vor, die krasseste Konsequenz der Nachahmung, nämlich die Leittonverdoppelung zu beseitigen, indem man die Strenge der Nachahmung aufgiebt:

Geben wir den weiteren Verfolg der Möglichkeit der Quartensequenz oder gar auch noch der Quintensequenz auf und begnügen uns mit dem Hinweise, dass weiter ausgesponnene Nachahmungen in solchen Abständen überhaupt nur möglich sind, wenn sie zu zweien zur Sekundsequenz zusammengeschlossen werden, so haben wir nur noch zu bemerken, dass auch ein Uebergang aus der strengen Sekundsequenz in eine der anderen Formen möglich ist, z. B.:

Schon oben deuteten wir an, dass die Sequenz ihr streng
tonales Aussehen verändern und Zwischenharmonien aufnehmen
kann, welche ihre asketische Sprödigkeit mildern und ihr
leichten Fluss geben. Nach unseren bisherigen Erfahrungen
ist leicht zu errathen, dass die bezüglichen Veränderungen aus
Sextakkorden und grossen Septimenakkorden Dominantseptimen-
akkorde machen werden. Bereits § 6 hatten wir Gelegenheit, zu
bemerken, dass derartige überleitende Akkorde nur den Sinn
haben, dem nachfolgenden leitereigenen grösseres Gewicht zu
verleihen, dass sie daher vorzugsweise auf leichten rhythmischen
Werthen erscheinen; die beiden obigen Sequenzen können
daher auch diese Gestalt annehmen:

Die strengen Sequenzen des § 4 erweisen sich freilich solchen
Veränderungen wenig zugänglich; gleich bei der ersten (S. 26, 1)

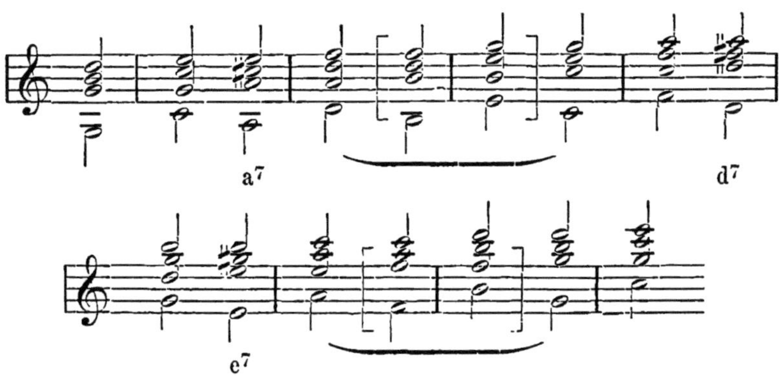

scheitern wir an den Motiven, welche den verminderten Dreiklang bringen und ziehen es vor, dieselben auszulassen, da eine Verwandlung von g^7 in b^+ wegen der weiteren Konsequenzen (e^7? es^+?) unmöglich ist und auch die Verwandlung in ^0fis oder h^+ nicht wohl angeht; allenfalls wäre das letztere möglich (doch nur im 3., nicht im 7. Motiv, das inkurabel ist). Benutzen wir diese Erfahrung für die chromatische Glättung der zweiten Sequenz, so ist wieder gleich das zweite Motiv zu elidieren:

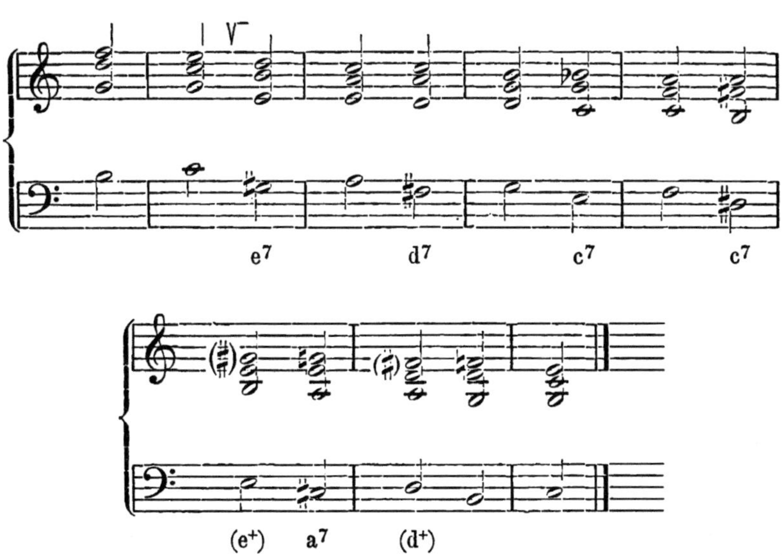

Eine etwas hievon abweichende Gestalt ohne Elisionen und mit chromatischen Veränderungen weiss Beethoven in seiner Polonaise Op. 89 zu verwerthen:

Mit der dritten ist nicht viel anzufangen; die vierte zieht uns noch tiefer in die Chromatik hinein:

sodass. nur noch ein Schritt weiter zur rein chromatischen Folge ist:

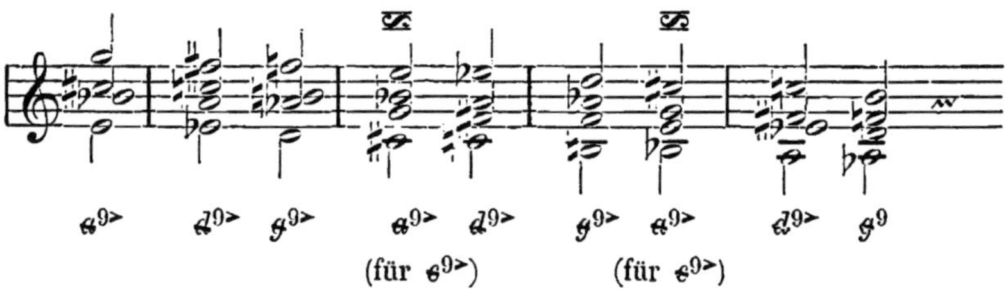

Auch diese mit Recht unter die Sequenzen gezählte Bildung kann noch als tonale verstanden werden, wie die hier gewählte Orthographie und Bezifferung beweist; die letztere weist eine enharmonische Verwechslung auf; die Bezifferung im Sinne der 3 Hauptklänge, die, wie wir wissen, immer möglich ist, würde so aussehen:

$e^{1<}$ $(= e^{9>})$ $f^{1<}$ $(= d^{9>})$ $g^{9>}$ $e^{1<}$ u s. w., immer wiederholt,*)

d. h. die vierfache chromatische Skala in Gestalt verminderter Septimenakkorde braucht keineswegs auf den Quintenzirkel bezogen zu werden (worüber weiter unten), sondern ist auch als fortgesetztes Durchlaufen der tonalen Kadenz c⁺ f⁺ g⁺ c⁺ verständlich.

Damit sind wir wieder bei einer Bethätigung des Tonalitätsgefühls angelangt, deren Stärke und Konsequenz Bewunderung abzwingt. Das Bewusstsein solcher Möglichkeit wird uns ein guter Führer sein, wenn wir in die folgenden Nachweise der gegentheiligen Möglichkeiten schnellen wiederholten Wechsels der Tonalität eintreten. Immer wieder müssen wir uns vergegenwärtigen, dass es ein wirklich gänzliches Vergessen der Haupttonart eigentlich garnicht giebt, nicht geben darf, dass ebenso, ja, ich möchte behaupten, noch mehr als die Tonart des zweiten Themas, die nur flüchtig und bunt wechselnd berührten Tonarten der Durchführungstheile in ihrem Verhältniss zur Haupttonart gehört und verstanden werden müssen, so dass schliesslich ein ganzer Tonsatz als nichts anderes erscheint, als eine riesige Erweiterung der tonalen Kadenz. Kein plan- und gedankenloses Herumirren in fremden Tonarten bleibt ungestraft; fehlt die innere Einheit und logische Nothwendigkeit, so wird das unfehlbare Kunsturtheil des Gesammtgeistes den Stab über das Werk brechen.

---

*) Die bekannte Stelle am Schluss des D-moll-Präludiums im 1. Theil des Wohltemperierten Klaviers ist daher eigentlich so zu schreiben:

§ 25. Quintenzirkel. Verwandtschaftstabellen.

Wird eine harmonische Fortschreitung nicht nur melodisch, d. h. in ihren Bewegungsrichtungen, sondern auch harmonisch, d. h. hinsichtlich der Klangbedeutung der Akkorde nachgeahmt, so entsteht statt der tonalen die modulierende Sequenz; da diese nicht an eine Skala gebunden ist — eben weil ihr Unterschied von der tonalen Sequenz darin besteht, dass sie nicht den Stufen der Tonleiter folgt — so giebt es für sie keine eigentliche Grundform. Wenn der fortgesetzte Tonalitätswechsel auch nur einigermassen verträglich sein kann, so bedarf es natürlich zu jeder neuen Tonika eines Schlusses; die einfachsten Formen der modulierenden Sequenzen werden daher diejenigen sein, welche den Schlussschritt Oberdominante (mit oder ohne Septime)-Tonika nachahmen, den Schritt, dessen Präponderanz uns schon S. 25 u. m. auffiel. Führen wir zunächst die Nachahmung in Rücksicht auf den harmonischen Zusammenhang der einander folgenden Tonarten quintenweise steigend oder fallend, so ergeben sich die beiden Formen:

1. Fallender Quintenzirkel.

2. Steigender Quintenzirkel.

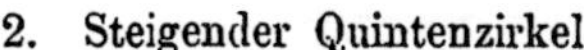

Die zweite Sequenz habe ich gleich in knappster Gestalt gegeben, indem ich statt des Schlusses g⁷—c⁺ den Trugschluss g⁷ c zu Grunde legte, durch welchen der Schlussakkord gleich der Umdeutung zur Unterdominante nahegelegt wird, so dass die Motive als ineinander greifende Kadenzen erscheinen:

$$g^7 - c - d^7 - g - a^7 - d$$

Selbstverständlich ist die diese Umdeutung des Schlussakkordes erst nachträglich bringende dreiklängige Form:

nicht minder gut und noch leichter verständlich, während die ohne Sexten weitergehende

die Auffassung stärker anstrengt. Die erste Sequenz (fallender Quintenzirkel) gestattet eine weitere Zusammenziehung, die man sich durch Ueberspringen jedes zweiten Motivs erklären mag oder auch — wohl korrekter — ähnlich der Verwandlung der abschliessenden Tonika in eine Unterdominante bei 2, als Verwandlung der abschliessenden Tonika in eine Oberdominante, wodurch sie direkt zum Anfangsakkord des nächsten Motivs wird. Von Motiven kann man dann freilich kaum mehr sprechen, da als Repräsentant jeder Tonart eigentlich nur noch ein Akkord (der Dominantseptimenakkord) übrig bleibt:

1a.

Der Werth des Quintenzirkels ist ein geringer. Den ganzen Zirkel zu durchlaufen, ist, abgesehen von halb scherzhaft gemeinten Fällen*) ermüdend und unkünstlerisch, das einseitig vorwärts treibende der harmonischen Entwickelung erscheint schon nach wenigen Takten monoton und interesselos, weil jeder inneren Motivierung entbehrend. Von gutem Effekt ist die Heranziehung eines kleinen Stückes des fallenden Quintzirkels für Rückgänge von entfernteren, wenigstens nach Quintschritten gerechnet entfernteren Tonarten. Es sei hier wieder einmal darauf hingewiesen, dass nicht nur die Temperatur und die faktische Tongebung, sondern auch die Praxis der Komponisten und die ihr folgende Theorie die Terzverwandten mit den gleichnamigen Quintverwandten identifiziert, nicht zwar so, dass ein verschiedenartiger ästhetischer Werth beider garnicht zur Geltung käme, sondern nur in derselben Weise, wie die enharmonische Verwechselung der entfernt verwandten der ⁺- mit denen der °Seite und umgekehrt als Umdeutung, d. h. nachdem z. B. die Oberterztonart als nahe Terzverwandte direkt eingeführt worden ist, kann der Komponist den Rückgang zur Haupttonart so nehmen, als wäre die Terztonart die Tonart der 4. Oberquint (c—g—d—a—e). Zur bequemen Orientierung über diese Doppeldeutigkeit der Töne schalten wir die schon mehrfach (zuerst von A. von Oettingen in seinem „Harmoniesystem“) gegebene Tabelle der Terz- und Quintverwandten hier ein:

---

*) Z. B. in meinem Fis-dur-Walzer, op. 6. I.:

his^4	fisis^4	cisis^4	gisis^4	disis^4	aisis^4	eisis^4	hisis^4	3♯f
gis^3	dis^3	ais^3	eis^3	his^3	fisis^3	cisis^3	gisis^3	disis^3
e^2	h^2	fis^2	cis^2	gis^2	dis^2	ais^2	eis^2	his^2
c^1	g^1	d^1	a^1	e^1	h^1	fis^1	cis^1	gis^1
as	es	b	f	c	g	d	a	e
$_1$fes	$_1$ces	$_1$ges	$_1$des	$_1$as	$_1$es	$_1$b	$_1$f	$_1$c
$_2$deses	$_2$asas	$_2$eses	$_2$heses	$_2$fes	$_2$ces	$_2$ges	$_2$des	$_2$as
$_3$♭h	$_3$feses	$_3$ceses	$_3$geses	$_3$deses	$_3$asas	$_3$eses	$_3$heses	$_3$fes

(Die Zahlen rechts oben, resp. links unten zeigen die Anzahl der Terzschritte von der Mittelreihe aus an.)

Diese Tabelle sei jedem sich mit der Modulationstheorie eingehender Beschäftigenden angelegentlichst empfohlen. Jeder Schritt in einer Horizontalreihe ist ein Quintschritt, jeder in einer Vertikalreihe ein Terzschritt; die mit dem als Ausgangspunkt gedachten mittleren c enharmonisch identifizierbaren Töne sind durch Umrahmung ausgezeichnet, natürlich bringt auch jeder zwölfte Quintschritt wieder einen enharmonisch identischen Ton (12. Oberquint his, 12. Unterquint deses). Die nächstverwandten Töne sind aber nicht in der fortlaufenden Reihe, sondern im nächsten Umkreise jedes Tones zu suchen:

a	e	h
f	c	g
des	as	es

Versehen wir diese Töne mit den Klangzeichen ($^+$, ^{0}), soweit die damit bezeichneten Klänge Toniken direkt verwandter Tonarten ergeben, so haben wir für C-dur das Modulationstäfelchen:

a⁺	⁰e⁺	⁰h⁺
f⁺	⁰c⁺	⁰g⁺
des⁺	as⁺	es⁺

welchem ein entsprechendes für jede andere Durtonart nachzu-
bilden ist (man beachte, dass nur die Töne des Vierecks, in
welchem die drei Töne des tonischen Akkordes liegen

$$\begin{array}{cc} e & . \\ c & g \end{array}$$

mit ⁺ und ⁰ Zeichen versehen werden mussten, die übrigen
dagegen nur mit ⁺). Die Verwandtentabelle für Des-dur ist
hiernach, wenn wir alle mit mehr als 6 ♯ oder 6 ♭ vorzu-
zeichnenden Tonarten enharmonisch umschreiben:

c⁺	⁰f⁺	⁰c⁺
ges⁺	des⁺	as⁺
⁰fis	⁰cis	⁰gis
d⁺	a⁺	e⁺

Etwas anders begrenzt sich das Täfelchen, wenn es sich
darum handelt, welche Harmonien einer Tonart zur Verfügung
stehen. Zunächst die leitereigenen:

⁰a	⁰e	⁰h
f⁺	c⁺	g⁺

dann aber die der erweiterten Kadenz (§ 6):

⁰a⁺	⁰e⁺	⁰h⁺	
f⁺	⁰c⁺	⁰g⁺	d⁺
des⁺	as⁺		

Das Täfelchen für die Molltonart mit ihrem Kreis nächstverwandter Tonarten sieht so aus:

^{o}cis	^{o}gis	^{o}dis
^{o}a$^+$	^{o}e$^+$	^{o}h
^{o}f$^+$	^{o}c$^+$	^{o}g

das der leitereigenen Harmonien (incl. dorische Sexte):

^{o}a	^{o}e$^+$	^{o}h	^{o}fis
f$^+$	c$^+$	g$^+$	d$^+$

endlich das der erweiterten Kadenz (incl. neapolitan. Sexte):

	^{o}a$^+$	^{o}e$^+$	^{o}h$^+$	^{o}fis
b$^+$	f$^+$	c$^+$	g$^+$	d$^+$

Aufgabe. Ausarbeitung der Täfelchen für sämmtliche Dur- und Molltonarten mit enharmonischer Umschreibung oder doppelter Notierung aller über die Grenze von 6 ♯ und 6 ♭ hinaus liegenden Tonarten.

§ 26. Halbton- und Ganzton-Sequenzen.

Kam bei den Imitationen in fortgesetzten steigenden oder fallenden Quinten (resp. aus Rücksicht auf die Tonlage und zur Vermeidung eines Verlaufens in die Höhe oder Tiefe abwechselnd in steigenden Quint- und fallenden Quartschritten oder fallenden Quint- und steigenden Quartenschritten) nur die Stetigkeit der harmonischen Progression in Betracht, so machen dagegen wieder melodische Gesichtspunkte sich geltend bei einigen anderen Formen der modulierenden Sequenz, nämlich den fortgesetzt in Halbtonabständen oder fortgesetzt in Ganztonabständen imitierenden. Das Fortschreiten des Motivs in Halbtonschritten oder Ganztonschritten ist ein melodisches Wirkungsmittel; daher ist uns die Verwandtschaft solcher

Sequenzen mit den tonalen ebenso einleuchtend wie ihr Unterschied von Progressionen wie dem Quintenzirkel unverkennbar ist. Denn wie in der tonalen Sequenz nur die Nachbarschaft der Tonhöhe, nicht aber die Ähnlichkeit der Harmoniewirkung die Harmoniefolge bedingt (die tonale Sequenz bringt eben die heterogensten Harmoniewirkungen durch melodische Konsequenz in Parallele), so reiht die Halbton-Sequenz zwar analoge Harmoniewirkungen aneinander, aber solche, die gegenüber der zum Ausgang genommenen in den allerverschiedensten Verwandtschaftsgraden stehen, also nicht harmonisch stetig nach der ⁺- oder ⁰-Seite fortschreitend, sondern in der buntesten Weise umspringend, wie es die melodische Konsequenz fordert. Die Ganztonsequenz ist zwar ebenfalls melodisch zu verstehen, wechselt aber nicht wie diese bunt zwischen Verwandten der ⁺- und ⁰-Seite, sondern springt nur um, sobald sie zu hoch in die ♯- oder zu tief in die ♭-Tonarten geräth.

1. Steigende Halbtonsequenz.

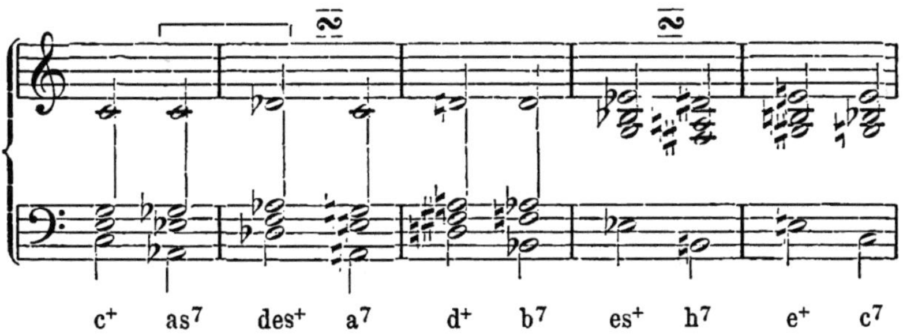

2. Fallende Halbtonsequenz.

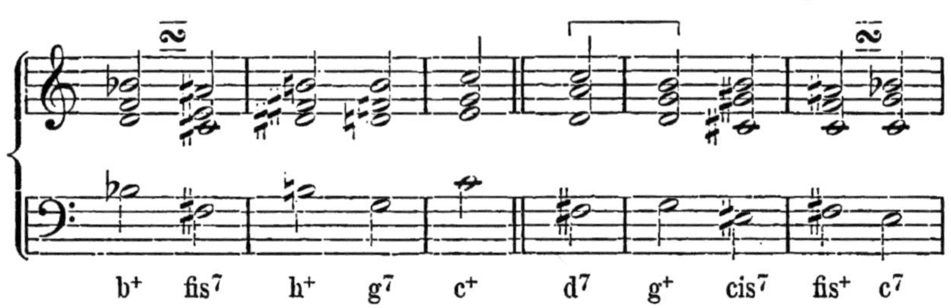

3a. Steigende Ganzton-

sequenz.

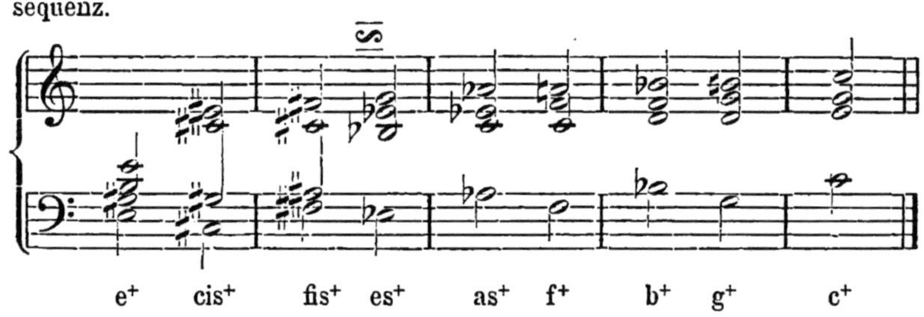

3b. Steigende Ganztonsequenz.

4a. Fallende Ganztonsequenz.

4b. Fallende Ganztonsequenz.

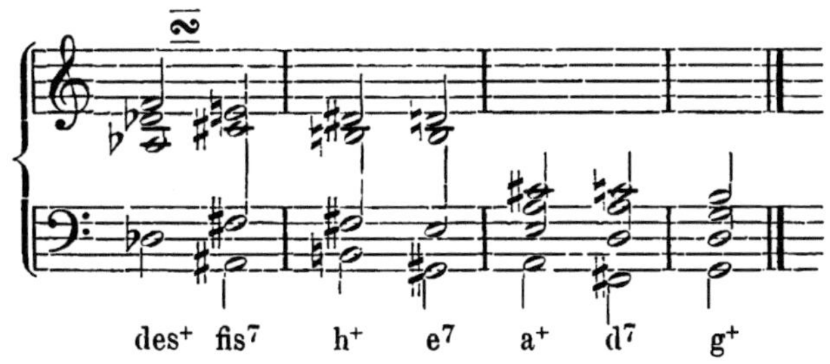

§ 27. Modulierende Sequenzen der Molltonart.

Absichtlich habe ich die Molltonart bei der Entwickelung der Sequenzen bisher etwas zurückgesetzt und zwar aus dem einfachen Grunde, weil die Mischung von Dur- und Mollharmonien, wie sie der modernen Molltonart eigen ist, sich mit der strengen Sequenz nicht verträgt. Da wir deren melodische Bedeutung schon mehrfach zu erkennen Gelegenheit hatten, kann es nicht Wunder nehmen, dass das unmelodische Intervall der übermässigen Sekunde ein störendes Hinderniss für die Sequenz ist. Die dorische Sexte kann zwar manchmal aushelfen, ist aber doch oft sehr auffallend und irritierend. Daher sind hauptsächlich fallende Mollsequenzen gut, d. h. solche, die sich äusserlich in nichts von den Dursequenzen unterscheiden. Mit anderen Worten, die § 29 ff. entwickelten fallenden tonalen Sequenzen und sequenzartigen Gänge können ebensowohl als Mollsequenzen wie als Dursequenzen verstanden werden, mit dem Unterschied natürlich, dass dann die Mollharmonien (°e °a °h) als wirkliche, und die Durharmonien als Mollsextakkorde ($\frac{VI}{V}$) verstanden werden müssen. Die Sequenzen mit chromatischen Zwischenharmonien erweisen sich bei näherer Betrachtung ebenfalls für Moll ebenso brauchbar. Quintenzirkel sind für die Molltonarten nicht üblich, möglich sind sie aber allerdings, und zwar in zweifacher Weise, einmal im reinen Mollsinne (mit Mollseptimenakkorden) und auch mit Durseptimenakkorden:

1 a. Steigender Quintenzirkel in Moll.

1 b. Steigender Quintenzirkel in Moll.

2. Fallender Quintenzirkel in Moll.

Es lässt sich nicht leugnen, dass die prompte Auffassung jeder neuen Molltonart eine Schwierigkeit macht, die wir ähnlich bei den Dursequenzen nicht zu konstatieren hatten. Immerhin aber unterliegt es keinem Zweifel, dass kleine Stücke solcher Moll-Progressionen, wenn dieselben nicht zu schnell am Ohr vorübereilen, sondern durch Nachahmung eines ausgeführten thematischen Motivs der Auffassung genügend Zeit gewähren, von vortrefflicher Wirkung sind.

Auch die Halbtonsequenzen und Ganztonsequenzen sind in Moll darstellbar, wenn auch wiederum schwerer aufzufassen:

1a. Fallende Halbtonsequenz in Moll:

1b. Fallende Halbtonsequenz in Moll.

2. Steigende Halbtonsequenz in Moll.

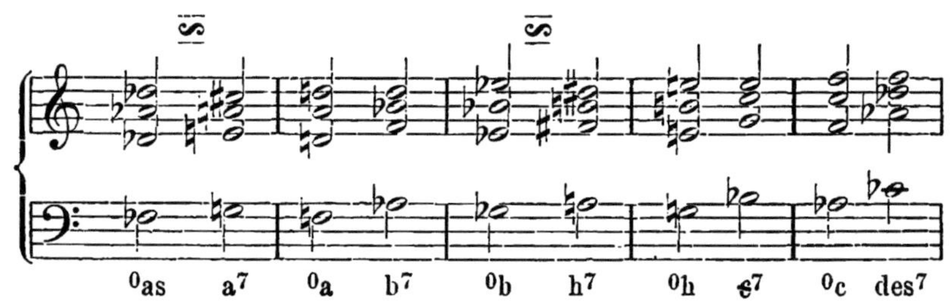

3. Steigende Ganztonsequenz in Moll.

4. Fallende Ganztonsequenz in Moll.

§ 28. Annäherung der modulierenden Progressionen an die tonalen Sequenzen.

Allen diesen Sequenzen ist eine gewisse Gewaltsamkeit eigen, die desto fühlbarer wird, je weiter sie sich ausdehnen, während eine zwei-dreimalige Progression stets von vortrefflicher Wirkung ist, besonders wenn das zu verschiebende Motiv nicht zu kurz ist. Der Grund ist folgender. Die Ganztonsequenzen dringen in einer Weise einseitig in derselben Richtung vor, welche gegenüber der Progression in Quintschritten als Potenzierung erscheint, denn Ganztonschritte sind Doppelquintschritte. Halten wir dennoch an der Brauchbarkeit der Ganztonsequenz fest, (wozu uns die Praxis berechtigt), so können wir die bei jedem Fortschritt derselben empfundene Schlusswirkung nur durch Beziehung auf die melodische Wirkung des Ganztonschritts erklären. Die melodische Wirkung des Ganztonschrittes als zu einem Abschluss oder Einschnitt führend ist aufsteigend abzuleiten aus dem Uebergang von der Sekunde zur Terz des Durakkordes, resp. von der Sekunde zur Prime des Moll-akkordes, absteigend aus dem Uebergang von der Sekunde zur Prime des Durakkordes, resp. von der Sekunde zur Terz des Mollakkordes:

$$C\text{-dur} - D\text{-dur} \quad \text{zu beziehen auf} \quad \overset{5}{g}\ \overset{3}{c}$$

$$C\text{-dur} - B\text{-dur} \quad \text{„} \qquad \text{„} \qquad \text{„} \quad \overset{5}{g}\ \overset{1}{c}$$

$$A\text{-moll} - H\text{-moll} \quad \text{„} \qquad \text{„} \qquad \text{„} \quad \overset{v}{a}\ \overset{\text{I}}{e}$$

$$A\text{-moll} - G\text{-moll} \quad \text{„} \qquad \text{„} \qquad \text{„} \quad \overset{v}{a}\ \overset{\text{III}}{e}$$

Vielleicht wird man diese Ableitung dadurch bestätigt finden, dass für Dur die fallende (auf $\overset{5}{g}\ \overset{1}{c}$ zu beziehende), für Moll die steigende (auf $\overset{v}{a}\ \overset{\text{I}}{e}$ zu beziehende) Ganztonsequenz als die vorzüglichere erscheint. Mussten wir doch sogar die Ver-ständlichkeit des Tonalitätssprunges im Intervall des fallenden

Ganztones als möglich anerkennen (S. 78). Zwei einander folgende Ganztonschritte der Tonalität widersprechen dieser Auffassung nicht, unterstützen und verstärken vielmehr dieselbe, da der zweite wirklich in die Terztonart des ersten führt:

C-dur — D-dur — E-dur wie: c d e (1 2 3)
C-dur — B-dur — As-dur   c b as (3 2 1)
A-moll — H-moll — Cis-moll „ a h cis (III II I)
A-moll — G-moll — F-moll   a g f (I II III)

Dagegen ergiebt der dritte Ganztonschritt das Verhältniss des Tritonus gegen die Ausgangstonart, d. h. er erzeugt eine erhöhte Spannung und lässt ein weiteres Fortschreiten in Ganztonschritten immer gekünstelter und gewaltsamer erscheinen; denn

der 3. Ganztonschritt führt zur Tonart der übermässigen Quarte,
„ 4.   „   „   „   „   „   „   Quinte,
„ 5.   „   „   „   „   „   „   Sexte.

Gewiss hat jeder, der meiner Darstellung aufmerksam gefolgt ist, schon längst empfunden, wie der Gezwungenheit mancher Progressionen abzuhelfen wäre, nämlich durch gelegentliche Abweichung von der strengen Konsequenz. Zwei Arten solcher Abweichungen werden wir als gleich wichtige Faktoren anzuerkennen haben und damit erst den letzten Schritt zur freien Beherrschung des Kunstmittels der sequenzartigen Bildungen thun, nämlich:

a) die Veränderung des Intervalls der Progression,
b) den Wechsel des Tongeschlechtes der verketteten Tonarten.

Für beide haben wir selbstverständlich die leitenden Gesichtspunkte nirgend anders als im engsten Kreise der geschlossenen Tonarten zu suchen.

Die gute Wirkung der Veränderung des Intervalls der Progression lernten wir § 24 schätzen, wo der Uebergang aus der tonalen Sekundsequenz in die tonale Terzsequenz uns als

gefälligere Verknüpfung erschien. Jetzt stehen wir vor der
Erkenntniss, dass nicht nur das Bedürfniss der Abwechselung,
nicht nur die Scheu vor der Monotonie, sondern vielmehr die
innere Logik der Harmonik und Tonalität selbst auf die Veränderung des Intervalls der Progression hinweist. Der dritte
Ganztonschritt führte zur Tonart des Tritonus, wie wir sahen,
und alle ferneren zu noch weiter abliegenden, resp. zu enharmonisch umzudeutenden, die sich der Ausgangstonart wieder
näherten. Lassen wir dem dritten Ganztonschritt einen Halbtonschritt folgen, so sind wir plötzlich in die nächste Nähe
der Ausgangstonart zurückversetzt, nämlich in die Tonart der
Quinte, und erreichen nun durch die nächsten Ganztonschritte
wieder nahe verwandte Tonarten:

Hier liegt bereits das Princip, um das es sich handelt, klar
zu Tage. Das Wesen der Diatonik beruht bekanntlich in der
Einschaltung eines Halbtonschrittes abwechselnd nach 2 und
3 Ganztonschritten. Wir konnten also bereits nach dem zweiten
Ganztonschritt den Halbtonschritt folgen lassen:

Das zweite der ins Auge gefassten Mittel der Milderung der Sprödigkeit der modulierenden Sequenzen, der Wechsel des Tongeschlechtes der verketteten Tonarten, ist uns bereits viel geläufiger als das des Wechsels des Intervalls der Progression. Denn das Festhalten des Tongeschlechts hatte sich uns ja überhaupt erst mittelbar ergeben durch Verwandlung der tonalen Sequenz in eine modulierende. Wir sehen nun ein, dass wir zu weit gegangen sind, dass beide, die tonale (nur melodisch nachahmende) und die (streng die harmonischen Wirkungen nachbildende) modulierende Progression zwar möglich sind, dass aber eine Verquickung beider Principien nicht nur nicht ausgeschlossen, sondern sogar wünschenswert ist. Leichte Umgestaltungen der tonalen Sequenz nach der Seite der modulierenden hin durch Herstellung einer grösseren Anzahl von Dominantschritten haben wir schon angedeutet. Es scheint nun an der Zeit, das Umgekehrte zu versuchen, nämlich die Akkommodation der Modulationsprogressionen an die durch die tonale Harmonik gebotenen Verhältnisse.

Werfen wir einen Blick auf die leitereigenen Harmonien, welche die einzelnen Stufen der Durtonart und Molltonart tragen:

so erkennen wir nun mit Leichtigkeit, welche Wege die modulierende Kadenz einzuschlagen haben wird, wenn sie die Fehler, welche wir wiederholt konstatieren mussten, vermeiden will. D. h. wir finden zunächst die selbstverständlichen halbtonalen Progressionen:

1.
a)
b)
8va
2.
3.

Aber damit sind wir freilich wieder auf den Standpunkt
der erweiterten Kadenz des § 6 zurückgeführt, sogar ohne die
neapolitanische und dorische Sexte, ohne die Mollunterdominante
u. s. w., und manche seither als schätzenswerth erkannte
Wirkung droht uns wieder zu entschlüpfen. Wir geben offenbar
zuviel auf, wenn wir die modulierenden Progressionen so sehr
auf das tonale Schema zuschneiden. Aber thut das denn noth?
gewiss nicht; es steht ganz bei uns, soviel oder so wenig von
der Herbheit und Entschiedenheit der streng tonalen oder streng
harmonisch imitierenden Sequenzen festzuhalten oder zu Gunsten
einer kompensierenden Mittelform aufzugeben, als uns für den
jedesmaligen Charakter des Stückes angemessen erscheint.

In der That erweisen sich die kühnsten modulatorischen
Kombinationen der Meister ebenso oft (ohne dass ich übrigens
prätendiere, in dieser Hinsicht Statistik zu treiben) als Misch-
formen, wie als reine tonale Sequenzen und strenge modulierende
Progressionen. Einige Beispiele mögen uns die Wege weisen,
auf denen ohne verwerfliches Experimentieren so gut wie ohne
billige Nachbildung freieste Bewegung mit Aussicht auf Auf-
findung neuer Wirkungen zu erreichen ist.

1. Bach, Wohlt. Kl. I. Prael. XXI. (Anfang)

Tonale Terzsequenz (vgl. § 29 Nr. 1).

2. Daselbst, Takt 6—7.

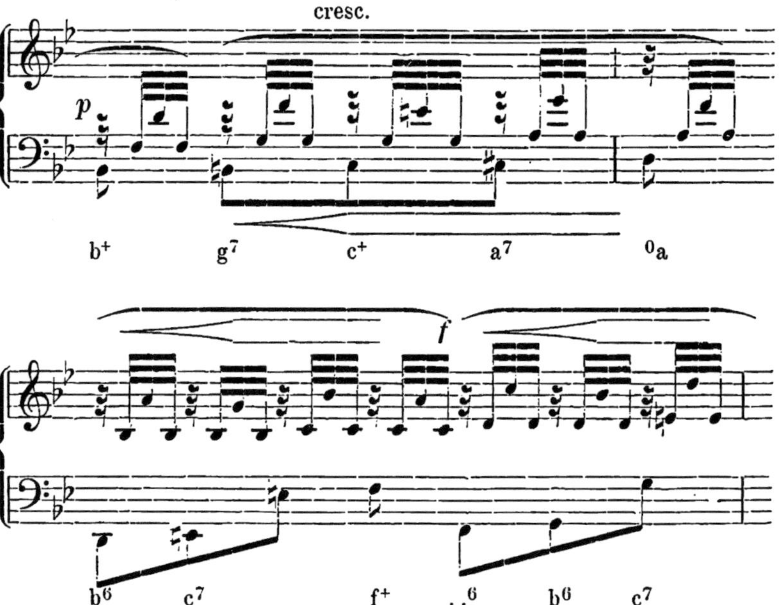

Steigende Ganztonsequenz tonal gefärbt als nach F-dur gehörig (daher aus B-dur nach F-dur modulierend), zuerst aus B-dur über C-dur nach D-moll (statt D-dur) gehend, sodann rein tonal fortführend.

3. Mozart, Sonate D-dur (Köchel 284).

Tonale Terzensequenz (in D-moll) mit neapolitanischer Sexte und den bekannten Zwischendominanten (die Stelle bildet den Rückgang zum Hauptthema in D-dur).

4. Mozart, Sonate D-dur (Köchel 576).

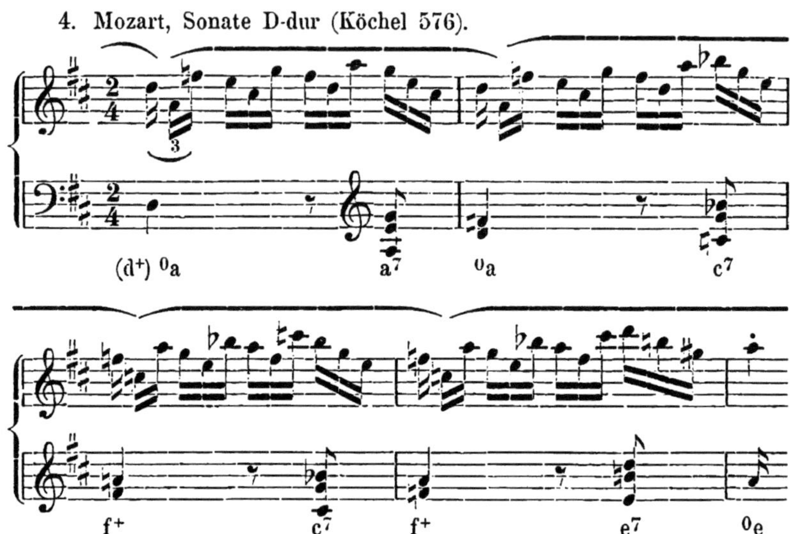

Terzsequenz gemildert durch Modifikation im Geiste der Quintwechseltonart (⁰a) oder Haupttonart (d⁺).

5. Daselbst, anschliessend an das vorige Beispiel.

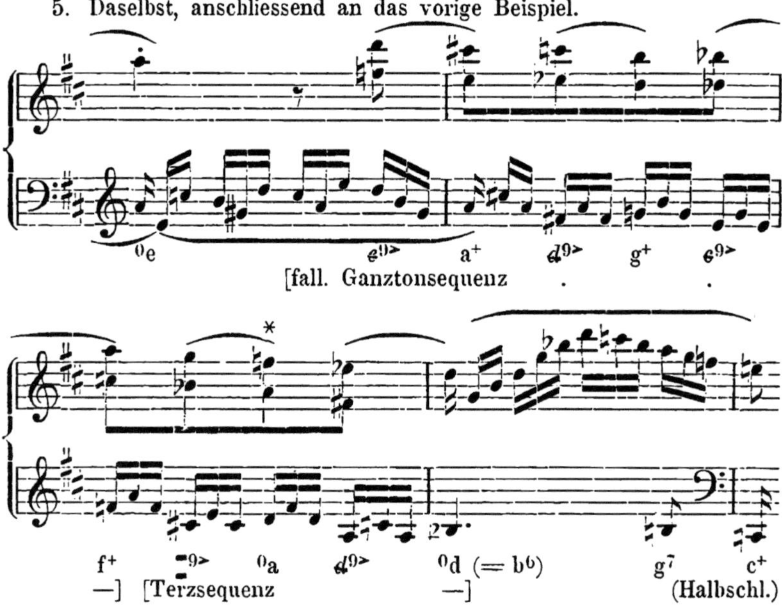

Fallende Ganztonsequenz übergehend in Terzensequenz, tonal gehalten im Geiste von D-dur und D-moll (a⁺, g⁺, f⁺, ⁰a, ⁰d)

6. Daselbst, wenige (den Halbschluss verstärkende) Takte weiter:

Steigende Ganztonsequenz halbtonal gehalten im Anschluss
an D-dur und D-moll (F-dur — G-moll — A-moll — H-moll).

7. Beethoven, Sonate A-dur, op. 2 - II.

a)

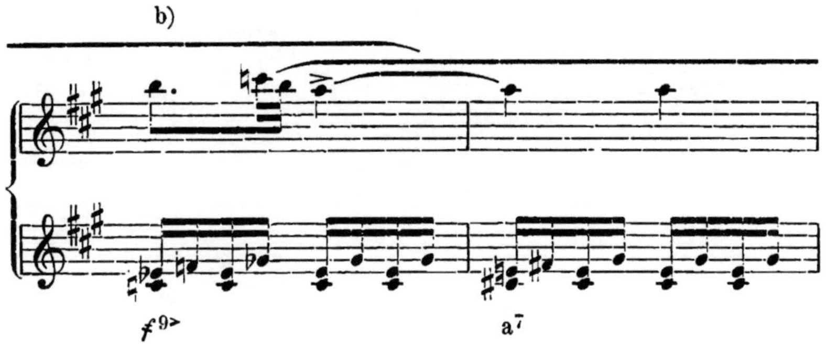

a) bis b) steigende Terzsequenz (E-moll, G-dur, B-dur),
von b) ab mit gewaltsamem Aufschwung [$f^{9>}$ a^7] in die Tonart
der grossen statt kleinen Terz steigende Ganztonsequenz (D-dur,
E-dur, Fis-moll), der letzte Schritt wieder zurücksinkend ([^{0}cis]
e^{VII} h^7 ^{0}h). Die Tonalität, welche sich in dieser Modulationsordnung ausspricht, ist zunächst offenbar intendierter Weise
E-moll, d. h. die Tonart der Molloberdominante, die als solche,
wie wir wissen, zunächst gar nicht verständlich ist. Da aber
Beethoven diese Tonart über die zweite Oberdominante (H-dur)
erreicht, so erscheint die Verwandlung der Duroberdominante
als ein plötzliches Verblassen, das auch auf die Haupttonart
zurückwirkt, d. h. wir verlieren das sichere Gefühl der Haupttonart als A-dur und neigen dazu, A-moll als Haupttonart zu
empfinden; erst der energische Aufschwung zur Ganztonsequenz
$f^{9>}$ a^7 d^+ etc. weckt uns wieder das klare Bewusstsein von
A-dur als Haupttonalität.

8. Bach, 6. dreistimmige Invention.

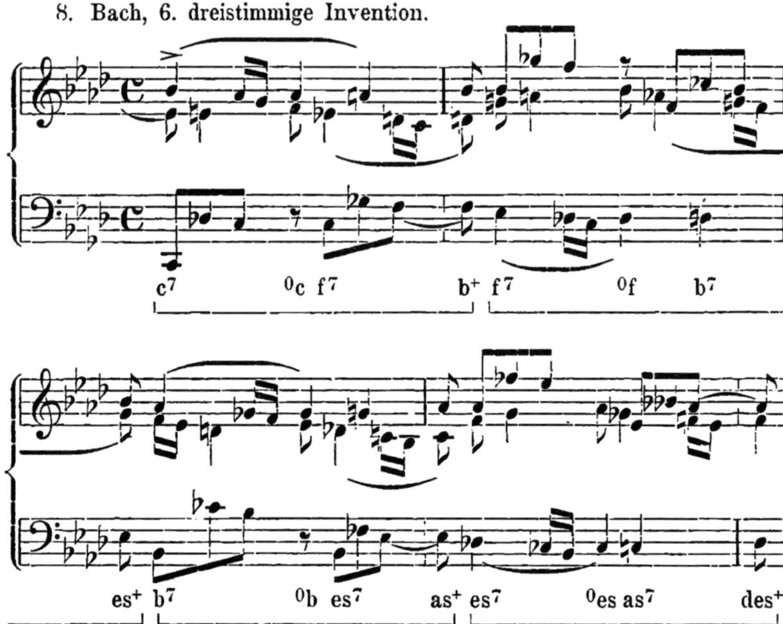

Fallender Quintenzirkel (B-dur, Es-dur, As-dur, Des-dur) verlängert und reizvoller gestaltet durch Einschaltung des Quintenwechsels vor Umwandlung jeder neuen Tonika zur Oberdominante; der durchaus chromatische Charakter des Stückes

motiviert diese Maassnahme noch ganz besonders als der Gesammtidee entsprechend.

9. Mozart, Sonate F-dur (Köchel 533).

Ganztonsequenz (jede Tonart nur durch den Dominant-
terzseptakkord ausgeprägt) dreimal aus Rücksicht auf die Haupttonalität umspringend (bei NB.) und statt eines verminderten
Dreiklanges (Terzseptakkordes) einen Mollakkord bringend
(Harmonieschritt der Umwandlung: Gegenganztonwechsel e⁷ — ⁰d
und a⁷ — ⁰g; der substituierte Akkord ist aber einfach der

Seitenwechselklang der vorausgegangenen Harmonie: $d^7 — {}^0d$; $g^7 — {}^0g$ und wird zugleich durch Umdeutung [Terzwechsel] zur Tonika für die nachfolgende Dominante). Die sich ergebende Tonartenfolge ist: F-dur — G-dur — G-moll (B-dur) — C-dur — C-moll (Es-dur) — F-dur — G-moll (B-dur).

Eine frappante Progression bringt Beethoven im letzten Satz der Sonate Op. 28 (pastorale): das Motiv selbst besteht aus 4 Ganztonschritten und einem Halbtonschritt, ist also nach unseren Erfahrungen (s. oben S. 185) eo ipso modulierend:

Der detaillierte harmonische Sinn der Stelle ist übrigens streitig. Auf den ersten Blick möchte man dazu neigen, zu lesen:

und entsprechend wenige Takte weiter: $d^7 — g^+$; $e^7 — a^+$; $fis^7 — {}^0fis$. Allein gegen diese Auslegung spricht erstens der Umstand, dass dann die rhythmische Struktur der Stelle schwer fasslich wird (der Anfang der Stelle enthält noch die Schlussnoten des Vorausgegangenen); zweitens ist die dritte, auf den unbefangenen Hörer offenbar analog wirkende Progression offenbar nicht aus weiblich endenden, sondern aus durchaus abbetonten Motiven gebildet:

Offenbar setzt hier bereits mit dem zweiten Achtel die Mittelstimme modulierend ein, mit kühnerem Griff den Grundton der neuen Dominante umschreibend; auf die Taktmitte kommt die neue Harmonie voll zur Geltung, obgleich der Bass noch auf dem alten Grundton liegt, der im ersten und zweiten Takte chromatisch erhöht werden muss. Mag man sich denken, dass g zu fisis wird, das nach gis schreiten muss, zuvor aber sich wieder in fis verwandelt, das leitertreuer ist, oder aber mag man sich eine noch kompliziertere Substitution und Ellipse denken, die am einfachsten etwa so zu verdeutlichen wäre:

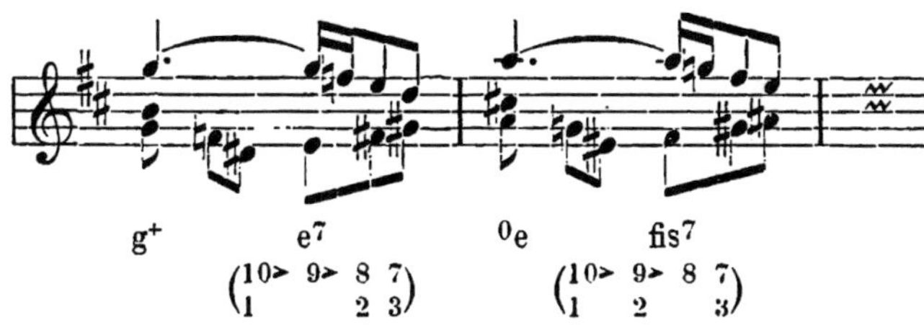

Nach diesem Vergleich verstehen wir auch die erste Form dieser steigenden Ganztonsequenz im Sinne abbetonter Motivbildung:

und:

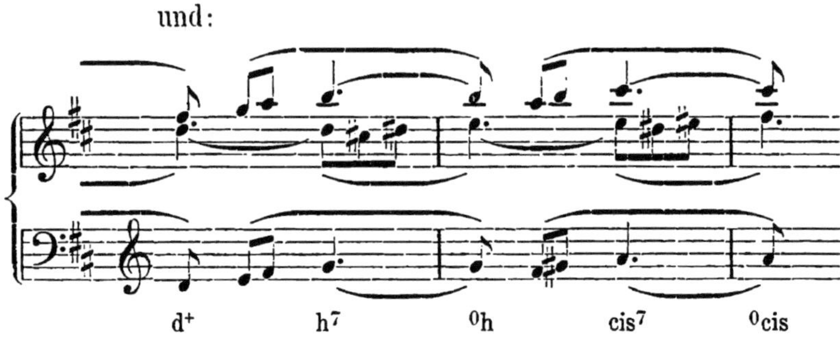

d. h. die Unterstimme hält hartnäckig die kleine Sexte der
neuen Oberdominante fest und lässt sie ohne Fortschreitung
zur Terz der Tonika werden, die Führung der Oberstimme ist
bereits oben erklärt worden; also ausführlicher:

oder:

d. h. die kleine Septime (g) schreitet statt zur kleinen None
(f) zur grossen Sekunde (fis, dorische Sexte in A-moll) fort
und übernimmt den Gang der Mittelstimme, während diese
liegen bleibt.

Die auffallende Häufigkeit der Ganztonsequenzen (steigend
und fallend) erklärt sich hinlänglich durch die Beziehung auf
die tonale Sequenz; die Ganztonsequenz der Tonalität der
Gestalt, wie wir sie gewöhnlich treffen, ist thatsächlich nur
eine Erweiterung der tonalen Sequenz, manchmal allerdings

mit Substitution einer nahestehenden Tonalität für die Haupttonalität (z. B. C-moll statt C-dur) oder auch geradezu mit
modulierender Grundlage (z. B. zunächst mit Zugrundelegung
der Haupttonalität C-dur, dann aber übergehend zu der von
A-moll oder C-moll). Die Häufigkeit der Terzensequenzen der
Tonalität hat noch einen andern Grund, nämlich die uns
bekannte leichte Umdeutbarkeit der Harmonien zu Terzwechselklängen. Fast immer wechselt bei Terzensequenzen von Schritt
zu Schritt das Tongeschlecht, z. B.:

10. Beethoven, Violinsonate, Op. 12. II.

oder in desselben Klaviersonate, Op. 2. III.

es⁺ u. s. w. wie vorher.

§ 29. Schluss.

Immer wieder drängt sich uns die Geltung der Haupttonalität auch während der kühnsten und weitestausholenden
Modulationen anf. Wenn wir daher nun am Schluss auf den
Weg, den wir zurückgelegt, zurückblicken, erkennen wir, dass
wir nun gelernt haben, immer weitere Kreise um das unverrück-
bare Centrum zu beschreiben. Der Unterschied zwischen einer
durch ihre Dominante vorbereiteten Unterdominante in der
tonalen Kadenz und einem durch eine modulierende Ueber-
gangsgruppe verbundenen zweiten Thema in der Tonart der
Gegenquinttonart oder auch einer viel weiter abliegenden Tonart der ^{0}- oder $^+$Seite ist nur ein Gradunterschied, eine Verschiedenheit der Dimensionen. Für die Modulationen der Theile
eines Satzes, die nicht neue Themen bringen, sondern entweder
zu Themen überleiten, oder das motivische Material in bunt-
gestaltigen Durchführungen verarbeiten, ist ebenfalls ein stetes
Festhalten, ein stetes Bewusstbleiben der Haupttonalität erforderlich, wenn nicht der Eindruck eines zweck- und einheitlosen
willkürlichen Herumvagierens entstehen soll. Je nach den Proportionen, nach denen ein Satz entworfen ist, werden knappe,
kurze, direkte Modulationen in die angestrebten Nebentonarten,
oder aber vermittelte, länger ausgesponnene erwünscht sein.
Welche Wege in letzterem Falle einzuschlagen sind, kann nicht
mehr zweifelhaft sein: man stelle sich die angestrebte Tonart
als ein Nebencentrum vor und wähle für die Modulation unter
ihren nächsten Verwandten diejenige aus, welche das Thema
selbst nicht zu stark in Anspruch nimmt. Für Durchführungstheile ist noch eins zu berücksichtigen, nämlich, dass man dem
Wiedereintritt der Haupttonart und der Themen seine Frische
und Wirksamkeit nur dadurch wahren kann, dass man die
Haupttonart selbst in der Durchführung vermeidet (aber ohne
die Beziehung auf sie zu verwischen!). Es ist nicht nöthig, dass
man sich für die Durchführung auf die Verwandten einer Seite
beschränkt, wenn es auch für kürzere Durchführungen, die nur
eine Nebentonart ausprägen, selbstverständlich ist, dass diese

nicht die Tonart des zweiten Themas sein darf, sondern lieber
eine der entgegengesetzten Seite. Längere Durchführungen
lassen sowohl hinsichtlich der Tonartengruppierung als des
verarbeiteten thematischen Materials nicht selten mehrere Theile
erkennen, die sich entweder gegensätzlich oder gesteigert gegen
einander verhalten. Es ist nicht der Zweck dieses Buches,
Anleitung zur Komposition grosser Instrumentalwerke zu geben
und die Verarbeitung der Themen in den Durchführungstheilen
zu lehren, wenn auch manche nützliche Beobachtung in dieser
Hinsicht sich uns ungesucht ergeben hat; im engbeschriebenen
Kreise der Aufgabe, die wir uns gestellt, galt es vor allem,
Einsicht in das Wesen und die Mittel der Modulation zu gewinnen, um sowohl für die Ausspinnung der Themen, als für
ihre freie Verarbeitung nicht dem zufälligen Fluge der Phantasie
überlassen zu sein, sondern mit Bewusstsein und künstlerischer
Einsicht unumstössliche Gesetze der Aesthetik, die der
Einheit und Folgerichtigkeit, zur Geltung zu bringen. Ein
weiterer Ausbau ist kaum mehr nöthig, ich beschränke mich
nur darauf, nochmals auf die Bedeutung der Verwandtschafts-
tabellen S. 172 hinzuweisen und deren vollständige Absorption
seitens des musikalischen Vorstellungsvermögens dringend zu
empfehlen. So lange noch nicht eine hinlängliche Beweglichkeit
in allen Tonarten erzielt ist, wird ein Blick auf die Tabellen
oder ein im Moment schnell skizziertes Täfelchen des Ver-
wandtschaftskreises der gewählten Tonart unschätzbare Dienste
leisten. Man halte eine solche halbmechanische Hülfe nicht
für unkünstlerisch. Vielleicht ist sie des vollendeten Künstlers
unwürdig, dem Schüler aber ist sie auf alle Fälle sehr nützlich,
wo nicht unentbehrlich. Uebrigens ist die Erkenntniss gewisser
Seiten der Klangverwandtschaft (Terzverwandtschaft) noch so
jungen Datums, dass auch der ausgebildete Künstler sich nicht
zu schämen braucht, sein Vorstellungsvermögen mit Begriffen
zu bereichern, die ihm seine Lehren noch nicht zu übermitteln
imstande waren. Man erinnere sich nur der vereinzelten
„Wagnisse" eines Beethoven, Schumann etc. in der Wahl der
Tonart des zweiten Themas! Auf alle Fälle wird es besser
sein, wenn man von dieser vervollkommneten Lehre von der

Klangverwandtschaft einen sicheren Maassstab und Wegweiser durch die Möglichkeiten hat, der in jedem Momente selbst zu beurtheilen gestattet, wie weit man vom schlichten, natürlichen abweicht, als dass man sich auf gut Glück dem zufälligen Fluge der Fantasie überlässt.

Als passender Abschluss, als eklatanter Beweis, wie weit der Komponist gehen kann, ohne die Einheit der Tonalität zu zerstören, zugleich als praktische Illustration, wie eine vorübergehende gewaltsame Verleugnung der Tonalität, eine absichtliche Verwirrung durch allzuschnellen Wechsel, ein Kunstmittel werden kann, das, so gefährlich es für den Anfänger und Stümper ist, dem Meister das Höchste leistet; mag hier eine kurze Uebersicht über die Modulationsordnung des ersten Satzes der grossen C-dur-Sonate, Op, 53, von Beethoven Platz finden:

I. Theil (Themen-Exposition).

Takt 1—4: G-dur
   „   5—8: F-dur
   „   9—13: C-moll (Halbschluss)   I. Thema; Haupttonart (C-dur) eigentlich nur umschrieben und in keiner einzigen Kadenz wirklich rein dargestellt.
   „ 14—17: G-dur
   „ 18—21: A-moll
   „ 22—30: H-dur   Modulation zur Tonart des
   „ 31—33: h^7 (Rückgang)   II. Themas.
   „ 34—49: E-dur. II. Thema.
   „ 50—73: E-dur. Schlussanhänge.
   „ 74—83: E-moll.   Rückgang.
   „ 84—85: C-dur.
   „ 86—87 = 1—2).

Tabelle der berührten Tonarten:

	$^0e^+$	$^0h^+$
f^+	c^+	$^0g^+$

II. Theil (Durchführung).

Takt 88—91: F-dur.

    92—93: C-dur (zum ersten Male das Hauptmotiv in der Haupttonart).

    94—100: G-moll.

„   101—104: C-moll.*)

„   105—111: F-moll (fallender Quintenzirkel, durch Einschaltung zweier Tritonusschritte in höherer Ordnung [2 und 2 Takte] eine fallende Terzensequenz bildend und die Beziehung auf F-moll wahrend).

---

*) Die folgende Stelle ist in der Phrasierungsausgabe nicht richtig bezeichnet; ich hatte die umdeutende Wirkung des *pp subito* übersehen, welches den schweren (Halb-)Takt zum leichten macht; die Taktstriche sind daher für die nächsten 7 Takte zu verschieben:

(Fortsetzung der Note s. folgende Seite.)

Quintenzirkel mit 2 Sprüngen.

Takt 112—114: C-dur.

„   115=118: F-dur.

„   119—122: B-dur:

„   123—126: Es-moll.

„   127—130: H-moll (mittels enharmonischer Ver-
wechselungen ges[7] in fis[7]).

„   131—134: C-moll.

Takt 135—137: Halbschluss auf g^+ (mit den Harmonien des^+
$[= {}^0c^{2>}]$ $d^{9>}$ g^+).

„   138—143: Bestätigungen des Halbschlusses auf g^+.

„   144—157: Rückgang (g^+ resp. g^7 durchaus ohne Abwechselung festgehalten, nur rhythmisch und
melodisch belebt).

Tabelle der Tonarten dieser Modulation:

${}^0b$	${}^0f$	${}^0c^+$
ces+	ges+	des+	es+

d. h. nur Verwandte der ^{0}Seite der Haupttonart C-dur.

III. Theil (Wiederkehr der Themen und Schluss).

Takt 158—161: G-dur ⎫
  „ 162—165: F-dur ⎬ wie im ersten Theil.
  „ 166—169: C-moll ⎭

  „ 169—176: steigende Sekundsequenz: C-moll [Zwischen-
harmonie as^7] Des-dur [Zwischenharmonie b^7]
Es-dur mit plötzlichem Schluss nach C-dur
(es^+ as^6 [$= c^{VII}$] d^7 g^7 c^+) d. h. im Ver-
wandtschaftskreise von C-moll.

  „ 177—179: (G-dur wie zu Anfang).
  „ 180—183: A-moll. ⎫
  „ 184—194: E-dur. ⎬ Modulation zur Tonaat des
  „ 195—198: e^7 (Rückgang) ⎭ II. Themas.
  „ 198—201: A-dur ⎫ II. Thema.
  „ 202—213: C-dur ⎭
  „ 214—247: C-dur. Schlussanhänge.

Coda.

Takt 248—249: F-dur (mit Substitution von ^0c im Schluss).
  „ 250—251: F-moll (mit Trugschluss zu des^+ [$= c_{VII^>}$]).
  „ 252—261 zunächst steigende Ganztonsequenz: As-dur
[f^7] B-moll [g^7] C-moll, sodann drängender
zur steigenden Terzsequenz übergehend,
C-moll [$c^{VII} = as^6 - b^7$] Es-dur [as^6 d^7]
G-dur, d. h. tonal gehalten im Verwandt-
schaftskreise der Quintwechseltonart (C-moll).

Schema:

^0f	^0c	^0g
	as^+	es^+

262—305: C-dur.

Man setze diese Analyse durch das Intermezzo (Intro-
duzione) und Rondo fort und bewundere, wie der Meister verstanden hat, der ganzen Sonate einen eigenartigen Charakter
zu verleihen durch Beschränkung der Modulation auf den
nächsten Umkreis der Haupttonart und ihrer Parallele (in deren

Dominante das zweite Thema ursprünglich steht) und gelegentliche Ausweitungen des Feldes nach der °Seite hin. Die Tonart der zweiten Oberdominante wird nicht ein einziges Mal berührt. Man vergleiche damit das Ergebniss der modulatorischen Analyse anderer Sonaten, Symphonien, Quartette u. s. w., so wird man einerseits die Stereotypität der meisten Anordnungen erkennen, andererseits aber die Genialität der Abweichung vom Gewöhnlichen in besonderen Fällen schätzen lernen. Die Wege sind, meine ich, hinreichend aufgewiesen, die einzelnen Bildungen haben bestimmte, leicht zu behaltende Namen erhalten — mehr konnte ich nicht zu leisten unternehmen; die Theorie der Modulation wird aber stets todte Lehre sein, wenn nicht die eigene Kompositionsthätigkeit des Schülers sie praktisch erprobt und — das sei immer wieder betont und aufs wärmste jedem ans Herz gelegt — die Analyse klassischer Werke die Erkenntniss schult, die Phantasie mit neuen Bildern bereichert. Wenn es mir gelungen ist, durch mein neues Büchlein etwas dazu beizutragen, dass sowohl das, was die Meister gewöhnlich thun, als das, was sie ausnahmsweise thun, seinem allgemeinen Sinne und besonderen Werthe nach leichter verstanden und in das eigene Wissen und Können aufgenommen wird, sodass es nicht nachgemacht zu werden braucht, sondern später zur rechten Zeit sich in den Ideengang einfügt, so habe ich mein Ziel erreicht. Denn — „was du ererbt von deinen Vätern hast, erwirb es, um es zu besitzen; was man nicht nützt, ist eine schwere Last: nur was der Augenblick erschafft, das kann er nützen!“

DRUCK VON J. F. RICHTER IN HAMBURG.

Ergänzendes Sachregister.